VOCABULAIRE FRANÇAIS DU XVIe SIÈCLE

PAR

HUGUES VAGANAY

2

DEUX MILLE MOTS

PEU CONNUS

EXTRAIT DE LA ZEITSCHRIFT FÜR ROMANISCHE PHILOLOGIE
TOMES XXVIII ET XXIX

HALLE A. S.
1905

Deux mille mots peu connus.

Le seizième siècle eut à sa disposition les vocables qu'il hérita de ses prédécesseurs et les mots qu'il créa pour répondre à des connaissances nouvelles. Ces deux séries sont représentées dans notre langue du vingtième siècle simultanément avec les créations des siècles ultérieurs et il suffit d'ouvrir Littré ou le *Dictionnaire général de la langue française* de MM. Hatzfeld et Darmesteter pour se rendre compte de ces mots qui ont survécu soit dans leur forme seule, soit dans leur forme et leurs acceptions diverses. Le *Dictionnaire de l'ancienne langue française* de M. Godefroy renseigne assez bien sur les mots dont on a quelque emploi antérieur à 1501. Mais où trouver les mots créés de 1501 à 1600, qui n'eurent pas l'heur de survivre aux circonstances qui en avaient provoqué la naissance? Le dictionnaire français anglais de R. Cotgrave est assurément une œuvre capitale, mais il parut en 1611 et les cinquante mille mots qu'il renferme ne sauraient représenter l'entier vocabulaire des milliers d'écrivains qui de Le Maire de Belges à Saint François de Sales ont éprouvé le besoin de nous laisser quelques traces écrites de leur existence dans les pays de langue française. Il convient donc d'inviter les chercheurs à lire *tous* les livres français du seizième siècle afin de combler la lacune qui existe dans nos dictionnaires entre le Moyen Age et le dix-septième siècle. Les pages suivantes seront une contribution à cet utile travail qui indiquent deux mille mots ne figurant pas dans le dictionnaire de Cotgrave: ils ont été extraits d'auteurs célèbres comme Pontus de Tyard ou fort peu connus comme l'esleu Macault ou le capitaine Lasphrise; pour certains, les exemples reportent au début du siècle, mais la plupart sont contemporains de la jeunesse de Malherbe né, on ne saurait assez le redire, en 1555, trente ans avant la mort de Ronsard. Aux ouvrages cités et dont la communication est due à l'inépuisable bienveillance de M. J. Baudrier, le très distingué et très érudit auteur de la *Bibliographie Lyonnaise du XVI$_e$ siècle*, il convient de joindre les deux articles que M. Boucherie a publiés au tome XIX de la *Revue des Langues romanes* sous le titre de Technologie botanique: ces deux cents mots français, extraits d'un ouvrage latin publié en 1556 sont inconnus pour la plupart de Littré et rentrent parfaitement dans le cadre du présent travail. *Les Notes lexicologiques* que M. A. Delboulle publie dans la *Revue d'Histoire littéraire de la France* et dans la *Romania* embrassent toutes les époques de l'histoire de la langue, tandis que le présent travail se borne à relever des mots usités au XVIe siècle et qui ne figurent dans Cotgrave, non plus qu'au *Supplément* de M. Godefroy.

Abbeneviser. — Les republiques, cités, eglises, . . . et autres . . . ont . . . baillé, albergé, et *abbenevisé* particulierement à plusieurs . . . portion de terre, pour y bastir, semer, planter. 1585. I. Papon. *Premier Notaire*, 123.

Abhorrable. — Ne logeons point chez nous l'*abhorrable* meurtrier. 1599. Lasphrise, 188.

Abhorrition. — L'amour . . . souventesfois se convertit en contre-cueur et *abhorrition*. 1551. Leon Hebrieu, *trad.* D. Sauvage, 33.

Abjectement. — Le Roy des rois . . . a . . . voulu faire son entree en sa principale Cité, monté *abjectement* sur une Asnesse. 1588. Vigenere. *Le Psaultier*, 267 b.

Aborrition. — La douleur et la tristesse sont autre chose que l'*aborrition* et la haine. 1551. Leon Hebrieu, *trad.* Pontus de Tyard. II, 75.

Abortivement. — De la mort rude a bon droit me plaindrois, . . . Contre l'Aveugle aussi ne me faindrois, . . . Si par fortune en ses traverses lourdes Ne fust ma joye *abortivement* née. 1544. *Delie*, 137.

Aboyeur. — Ce mastin *aboyeur* de mon entiere vie. Baïf, *éd.* Marty-Laveaux. II, 111.

Abrenonciation. — Apres cela ils faisoyent le grand et solennel serment au nom de Jesus Christ, que l'on appelle *abrenonciation*. 1585. I. Papon. *Premier Notaire*, 311.

Abruptement. — La sentence est trop *abruptement* couppée. [1549] I. Du Bellay. *Deffence et Illustr. de la langue françoyse*, *éd.* Person, 142.

Absconder (s'). — Metz moy la part où le soleil s'*absconde*. 1579. Pontoux, 33.

Abstemien. — Eau de telle nature, que ceulx qui en boyvent sont faictz *Abstemiens*, qui vaut autant à dire comme hayans le vin. 1547. *Vitruve*, 116.

Abstractivement. — La princesse Marguerite nest pas seulement moderee concretivement, à fin que je use de termes de logique, mais est mesmes icelle propre moderation *abstractivement*. Le Maire. IV, 67.

Accombler. — Ce qui plus encore *accombloit* la crainte et fascherie des nostres. 1573. Du Preau, 252.

Acconcié. — Je veux plustot aymer une, belle naturellement, non adjencee, qu'une curieusement *acconciee*, non belle. 1551. Leon Hebrieu, *trad.* Pontus de Tyard. II, 413.

Accordément. — Usage *accordément* inveteré. 1554. Le Caron, *La Claire*, 68b.

Accrouter (s') — Donne aussi d'an en an tréve aux tondus guerés, Et les champs paresseux patiemment endure Pourrissants *s'accrouter* en rance moisissure. 1583. *Virgile*, *trad.* R. et A. Le Chevalier d'Agneaux, 36b.

Accusatoire. — L'*accusatoire*, comminatoire, . . . sont certes [lettres] serieuses et graves. 1583. I. Papon. *Troisieme Notaire*, 45.

Acheron, *adj.* — J'eusse approché, chetif, la fureur *Acheronne*. 1599. Lasphrise, 105.

Acherontin. — Torrens *Acherontins*, terreur des puissans dieux. 1599. Lasphrise, 135.

Acidalien. — Ayant souvenance De l'*Acidalienne*, il se prend peu à peu A effacer Sichee. 1583. *Virgile*, 107.

Acrisien. — J'eusse trompé la tour *Acrisienne*. 1553. Des Autelz, C 4.

Actiague. — Rive *actiaque*. 1578. G. Le Fevre, *Galliade*, 93.

Adjuteur. — Toy qui ne demande aucun *adjuteur* ne compaignon. 1579. Du Preau, 314.

Admirément. — Vous tous que la France honore, Vous autres que la faconde Fait reluire *admirément*, De vostre langue feconde Prodiguez l'or clairement. 1554. Le Caron. *La Poesie*, 47.

Admonitoire. — La familiere de soy, . . ., excusatoire, *admonitoire*, . . ., sont toutes [lettres] familieres. 1583. I. Papon. *Troisieme Notaire*, 44.

Adoptivement. — Ceus de nostre eage . . . y ont enté quelques greffes artificielement prises du Grec et Latin, qu'ilz ont si subtilement appropriées au tige, qu'elles semblent estre nativement venues de la mesme racine, et non d'une estrangere apportées et *adoptivement* inserées. 1554. Le Caron, *La Claire*, 9b.

Aeriennement. — La flamme est celle chose du feu qui est *aeriennement* eslevee en haut. 1557. Pontus de Tyard, 144.

Afemmy. — Et son cors émâslé s'y estoit *afemmy*. Baïf. II, 194.

Affettement. — Nous . . . prenions par dessus tous très-grand plaisir leur voir . . . démener et frétiller leurs pieds si *affettement* que rien plus. Brantôme, *éd.* Lalanne. IX, 321.

Afluemment. — Infinie multitude de Latins, Tuscans, et autres outremarins Phrigiens, qui souz Enée, Arcades, qui souz Evandre estoient en cette terre *afluemment* ecoullez. 1554. Le Caron. *La Claire*, 148b.

Agrestement. — Poursuyvant mon vouloir qui estoit de dancer

jaçoit que trop *agrestement* danssasse, princt ladicte damoiselle par la main. 150., dans *Montaiglon-Rothschild.* X, 185.

Ajance. — La volonté procede de l'*ajance* ou habitude. 1554. Le Caron. *La Claire*, 37.

Aigre-douceur. — L'*aigre-douceur* y a masqué le fiel. 1574. Perrin, 27.

Aiguement. — Tes doulx rayz *aiguement* suyviz. 1544. Delie, 24.

Aile-porte. — Ces mots donc elle parle à l'amour *aile-porte.* 1583. *Virgile*, 105b.

Ainigmatizer. — Son oncle Brennus avisoit De peser ce que la courtine De Phebus *ainigmatizoit.* 1553. Des Autelz, G 3.

Aliene. — Il ne dira chose *aliene* de la nature de prudence. 1554. Le Caron. *La Claire*, 25.

Allicter. — Releve ceux qui en douleurs nuictalles Or sont *allictez.* 1578. G. Le Fevre, 89. — Cotgrave a Allitti.

Allobrogeois. — Appelé pour tenir la bride Au brusque peuple *Allobrogeois.* 1553. Des Autelz, G 3.

Allobrogide. — La race *Allobrogide.* 1553. Des Autelz, F 7.

Alpheen. — Courir pres Pise au long des *Alphéennes* ondes. 1583. *Virgile*, 65b.

Altercant. — Le Roy ... avec le sieur Bernard patriarche d'Antioche ... reforma entre ces deux *altercans* une bonne et seure paix. 1573. Du Preau, 310.

Alternysé. — Ou bien ... ne sera il jamais veü, que toute Court justiciere en general, soit métizée, ou bien qu'elle puisse devenir de telle sorte *alternysée*, qu'aucun Juge selon le vouloir divin ne se peüst plus accorder à la voix de plusieurs, si la Vérité ne s'y accorde. 1555. Billon, 177b.

Altitudinaire. — La quatrième et derniere station de l'*altitudinaire* firmament. 1550, dans le *Catalogue J. de Rothschild*, 211.

Amadiseur. — Ces beaux *Amadiseurs* auroyent faveurs des dames. 1599. Lasphrise, 537.

Amadoueux. — L'*amadoueux* espoir sorcier de mon tourment. 1599. Lasphrise, 69. — Godefroy, *Suppl.*, a Amadoueur.

Amatoire. — Le jouvenceau ... la feist sçavante de *lamatoire* interrogation. 1535. *Le Peregrin*, 245b. — La familiere de soy, submonitoire *amatoire*, sont toutes [lettres] familieres. 1583. I. Papon. *Troisieme Notaire*, 45.

Ambrosieux. — Les odeurs d'*ambrosieuse* halaine. 1554. Le Caron. *La Claire*, 186b. — Godefroy, *Suppl.*, a Ambrosien et Ambrosin.

Amithaonien. — Le sage Melampe *Amithaonien.* 1583. *Virgile*, 74b.

Amorciller. — Pillottez mon thresor, L'*amorcillant* tousjours d'une ardeur allechante. 1599. Lasphrise, 312.

Ancher. — Si . . . d'olivier une branche Par le bout incisee, en un tronc sec on *anche*, Racines elle y prend. 1583. *Virgile*, 48b.

Annellement. — Mon ame lors . . . Se delaçoit du triste *annellement* Qui emouvoit sa captive pensée. 1554. Le Caron. *La Claire*, 187.

Anombrement. — Le temps, qui suit le mouvement, et est un *anombrement* du mouvement antecedent et succedent. 1551. Leon Hebrieu, *trad.* Pontus de Tyard. II, 126.

Antartiquement. — Martian Capella . . . assemble . . . la Perruque de Berenice avecques le Canope, les disposant *antartiquement.* 1557. Pontus de Tyard, 29.

Antihocquet. — Il ne dit mot, et ne repond que par graves *antihocquetz* de la teste, et signes des épaules à l'Italienne. 1555. Billon, 87b.

Antirsé = Enthyrsé. — Baïf. II, 211.

Aonide. — Mais l'*Aonide* richesse A decouvert sa paresse. 1554. Le Caron. *La Claire*, 177. — Godefroy, *Suppl.*, a un exemple de Vauquelin de la Fresnaye.

Appollien. — Et les espritz revêtus D'*Apollienne* richesse. 1553. Des Autelz, E 5b. — Godefroy, *Suppl.*, a un exemple de 1554.

Appattement. — Flatterie de fretillardz *appattementz.* 1554. Le Caron. *La Claire*, 61b.

Appetition. — Choses délectables (le desir desquelles se nomme proprement *appetition.* 1551. Leon Hebrieu, *trad.* D. Sauvage, 33.

Appipé. — Antoine Finement *appipé* par sa peu chaste royne. 1578. G. Le Fevre, 98.

Appropriation. — Ilz nomment ce septieme an Scemita . . . signifiant la relaxation ou remission de toutes choses, et de leur *appropriation* au septieme milliaire des ans. 1551. Leon Hebrieu, *trad.* Pontus de Tyard. II, 147.

Appulois. — Sur le Vultur *Appuloise* montagne. 1588. *Horace Odes*, 41.

Aquitanique. — Ceux que la mer *Aquitanique* baigne. Baïf. II, 232. — Godefroy, *Suppl.*, a un exemple tiré de Paradin.

Arcadique. — L'*Arcadique* dieu. 1583. Virgile, 33b. — Godefroy, *Suppl.*, a un exemple de B. Des Periers.

Aretiniser. — Vous faictes par humeurs la figareliade, Et *Aretinisant* l'humble Hermaphrodiade. 1599. Lasphrise, 400.

Argolique. — Onques ne pourroient d'Ilion les rampars Tomber sous la fureur des *Argoliques* dards. 1583. *Virgile*, 113.

Arguce. — L'*arguce* de ceste responce. 1549. Macault, 142. — Godefroy, *Suppl.*, a un exemple d'Amyot.

Aristarquizer. — Ceux qui se meslent d'*aristarquizer.* 1553. Des Autelz, a 7.

Aristean. — Heureus celui auquel plaist La douceur *Aristéane.* 1554. Le Caron. *La Claire,* 184b.

Aristotelique. — Methode et deduction de propos ... *Aristotelique* c'estadire perfaicte. 1551. Leon Hebrieu, *trad.* D. Du Parc, 9. — Nous disons ... *Aristotelique,* ce qui a esté par ... Aristote inventé et traitté. 1554. Le Caron. *La Claire,* 31. — Godefroy, *Suppl.,* a un exemple de 1533.

Armurie. — Harnois qu'elle luy commanda de choisir le meilleur de son *armurie.* 1554. *Amadis.* XI, 85.

Articulement. — Il parla estant au paravant muet, et fut ouï ... prononçant *articulement* et haut ces paroles. 1585. I. Papon. *Premier Notaire,* 448. — Godefroy, *Suppl.,* a un exemple de Pasquier.

Asperner. — Ne vueilles despriser Seigneur celluy qui ta *asperne. Le Peregrin,* 235b.

Aspr'épineux. — Mets peine que sur tout de tes troupeaux soient loin Glouterons et chardons, forét *aspr'-épineuse.* 1583. *Virgile,* 70b.

Assemblement . *Assembleement.* — Il est tout certain que avant la guerre de Troye icelle Grece qui est aussi appellee Hellade, ne faisoit aulcune chose *assembleement.* 1534. Thucydide, 1b.

Assentement. — Si *assentement* et considerement y eust este. 1535. *Le Peregrin,* 98.

Asserener. — Vous l'*assereneriez* en despit des jaloux. 1599. Lasphrise, 142.

Asserviser. — Obstinement gardoyent le leur, sans deposer, vendre, achetter, louër, engager, *asserviser.* 1585. I. Papon. *Premier Notaire,* B 2.

Attermer. — Mais je t'en ay donné de propos ferme Deux mois entiers plus que n'es *attermé.* 1555. Ch. Fontaine. *Ruisseaux,* b 5.

Assiduel. — C'est le premier devoir d'une sage matrone. Qu'elle ayt de sa maison *assiduel* soucy. 1587. Perrin. *Quatrains,* 14.

Assommiere. — Pour gel, pour froid, pour pluy', pour paix, pour l'*assommiere.* 1578. Boyssieres, 1.

Assoulager . Assoullager. — *Assoulager* le cœur qu'elle voit fendre. 1553. Des Autelz, C 4. — Pour *Assoullager* ma douleur. 1554. Le Caron. *La Claire,* A 6b.

Astreide. — Monarque souverain de la bande *Astreide.* 1579. Du Monin, 10.

Aterracer. — Poincte acerée sur le chanfrain qu'il fourra si avant parmy les flancs de ceste grosse beste qu'il l'*aterrace* avec les autres. 1552. *Amadis.* X, 52b.

Atlantide. — Je vous ennuyrois des theologies Pheniciennes, *Atlantides,* Africaines, Phrigiennes, Persiennes. 1557. Pontus de Tyard, 130.

Attisement. — Ce que me proposez ... m'est ... un continuël *attisement* de mon feu. 1554. Amadis. XI, 89b.

Attripler. — Voulant me contenter elle *attriple* mes peines. 1599. Lasphrise, 226.

Avant-chantre. — O messager du jour beau Bel oyseau, L'*avant-chantre* de lumiere. 1578. G. Le Fevre, 111.

Avant-courir. — Un mal *avant-court* l' autre. 1599. Lasphrise, 183. — Godefroy, *Suppl.*, a un exemple de J. Marot.

Avant-discours. — Icy par un faint vers, par ambages ma Muse, Et par *avant-discours* ennuyeux ne t'amuse. 1583. Virgile, 48b.

Avant-notice. — Idees c'estadire, *avant-notices*, ou precongnoissances divines. 1551. Leon Hebrieu, *trad.* Pontus de Tyard. II, 313.

Augustinois. — Lui gravant sur le front ton nom *Augustinois*. 1579. Du Monin, 107.

Avilenir (s'). — Disant la gentillesse Morne *s'avilenir* et se perdre. Baïf. II, 411. — Cotgrave a Avilener.

Avoyer (s'). — Europe ... *s'avoye* Par un sentier qui dans les prez convoye. Baïf. II, 425.

Auspicatement. — Apres avoir *auspicatement* (comme disent les Latins) ou (nous) encontrement ordonné la congregation. 1554. Le Caron. *La Claire*, 100.

Autolecythe. — Le vulgaire ... estime ceux la estre flateurs, qui sont *Autolecythes*, cest a dire, papegaux de table. 1537. A. Du Saix, B 2.

Ayme-honneur. — Tous les rameaux qui sont sujets à la conqueste Des guerriers *ayme-honneur*. 1578. Boyssieres, 1b.

Babilleux. — Le serpent ... de poissons escailleux Et de raines encor au jargon *babilleux* Remplit sa noire pance. 1583. Virgile, 71b. — Godefroy, *Suppl.*, a Babilleur.

Barbariquement. — Tout premier ilz ont condamné Tous barbuz à estre esbarbez, *Barbariquement* desbarbez. 15.., dans Montaiglon. II, 218. — Godefroy, *Suppl.*, a un exemple de Bonivard.

Bassettement. — Finablement quand il ny eut remede de plus tarder, il luy dit *bassettement* un piteux adieu. Le Maire. II, 19.

Batisement. — Apres le *batisement* de la duchesse, de son filz. 1554. *Amadis*. XI, 118.

Beauluysant. — L'ame ... fait vers le ciel *beauluysant* Lever le front. 1553. Des Autelz, C 7.

Begayemment . Begayment. — Parlant d'une voix *begayment* prononcee. Baïf. I, 136.

Bel-esclatant. — Les odorantes fleurs En *bel-esclatant* meslange De cent diverses couleurs. Baïf. II, 131.

Belgic. — D'un col franc il se pourra soumettre Au chariot *Belgic.* 1583. *Virgile,* 66.

Bellique. — Si l'escumiere fille ardeur de vos beautez Aime tant comme on dict ce brave dieu *bellique.* 1599. Lasphrise, 188.

Bellissime. — Le divin Nectar, qui est l'eternelle contemplation et desir de la divine *bellissime* majesté. 1551. Leon Hebrieu, *trad.* Pontus de Tyard. II, 262.

Benevolment. — Regardez moy, astres au Ciel fichez, *Benevolment,* et vous montrez fachez De la douleur extreme que j'endure. 1557. Bugnyon. *Erotasmes de Phidie et Gelasine,* 48.

Bicler (se). — Le reply jumeau De ses cornes peint Se *biclant* si beau. Baïf. II, 211.

Bien-astré. — Des Muses la chaste brigade L'enfant *bien-astré* favorise. Baïf. II, 392.

Biendisant. — Es disciplines de la bienparlante literature, *biendisante* faconde. 1554. Le Caron. *La Claire,* A 5b.

Bien-doré. — Muse, di-moy les faits de Venus *bien-doree.* Baïf. II, 279.

Bienfaitis. — Puis te chaussant d'un *bienfaitis* patin. Baïf. II, 424.

Bienmerence. — Je ne demande ... que la *bienmerence* de vos graces. 1554. Le Caron. *La Claire,* 19b.

Bienparlant . *Voir* Biendisant.

Bigerre. — Et toutefois mes avis bigarrez Changent le taint de mon esprit *bigerre.* 1553. Des Autelz, C 5. — Cotgrave a Bigerrerie.

Bithinien. — Quiconque écumer Fait sous la nef *Bithinienne* L'eau de la mer Carpathienne. 1588. *Horaçe. Odes,* 20b.

Blaïe. — Alors que ja la *blaïe* Se herisse en épis sur la campaigne gaïe. 1583. Virgile, 42b. — Cotgrave a Blaier.

Blanc-noir. — Oyseaux ... Qui vont nageans pres de ces *blancs-noirs* voiles. 1555. Fontaine, B 2b.

Blanchement. — Vous trouverez en ma maistresse Poly le front, blonde la tresse, Et le teinct *blanchement* vermeil. (1554). O. de Magni. *Les Gayetez, éd.* Courbet, 60.

Blasmeur. — Ce qui jadis avint au *blasmeur* de la femme De l'Atride puisné. Baïf. II, 120.

Blond-tendre. — De cueillir j'auray soin, Au *blond-tendre* coton force pommes de coin. 1583. *Virgile,* 14b.

Blondureau. — Juppin le *blondureau.* 1579. Du Monin, 11. — Cotgrave a Blondurel.

Bourdir. — En leurs cœurs un doux desir envoye, Qui les feit à l'instant accoupler deux à deux, Et s'en aller *bourdir* par les buissons ombreux. Baïf. II, 282.

Bourguignonnois. — Pensois tu batiser ce pont *Bourguignonnois.* 1579. Du Monin, 107.

Braveté. — Avec une telle *braveté* les chargerent. 1573. Du Preau, 77. — Godefroy, *Suppl.*, a un exemple de B. des Periers.

Bravigeant. — Les monts eslevez, et, comme on diroit, *bravigeans* contre le ciel. 1557. Pontus de Tyard, 148.

Brazeux. — Comme quand un qui veut regagner sa maison Par une noire nuit, leve un *brazeux* tison Au foyer de l'ami. Baïf. II, 12.

Brigandaille. — L'heur se monstra bransler au desavantage et confusion de la *brigandaille* de l'Empereur. 1573. Du Preau, 53.

Brillantement. — Si je n'avoy l'azur, l'or et l'argent encore Dont ton plumage astré *brillantement* s'honore. Du Bartas. *La Lepanthe de Jaques* VI, 12.

Brise-soucy. — Dieu *brise-soucy,* O Nictelien, O Semelien. Baïf. II, 214.

Bromien. — Cent grands porcs herissez avec cent gras agneaux A leur mere conjoincts au rivage elle envoye, Et du Dieu *Bromien* les presens et la joye. 1583. *Virgile,* 105.

Brun-bay. — Beau le cheval *brun-bay* et le gris argenté. 1583. *Virgile,* 63.

Brun-sec. — Mon nez pointu Plat rabbatu, Et faict *brun-sec.* 1555. Fontaine, k 5b.

Brusle-cœurs. — Ce dieu *brusle-cœurs* Peut (tesmoin ma fureur) faire teste aux annees. 1599. Lasphrise, 136.

Callonné. — Les chevaux écumeus trainent sur la poussiere Leurs maistres par l'estrier dans la rouge carriere Que le sang *callonné* vont apres vomissans. 1574. Perrin, 42b.

Camene. — L'enthusiasme échaufant ma *camene.* 1553. Des Autelz, D 7.

Canoue. — Les Nereides ainsi pres la *canouë* s'amasserent, Et çà là coustoyans dedans les filets la pousserent D'un pesçheur Serifien. Baïf. II, 64.

Capabilité. — La puissance ou *capabilité* est milieu entre la privation et l'Essence actuelle. 1551. Leon Hebrieu, *trad.* Pontus de Tyard. II, 93.

Cariment. — Comme Amour saintement l'a éleuë Au *cariment* d'une nuyt qui affine Un ciel serain. 1553. Des Autelz, C 6b.

Carpathien. — *Voir* Bithinien.

Castorien. — Mode *castorienne.* 1578. G. Le Fevre. *Galliade,* 95b.

Cataclisme. — Le regard tien Dont s'engendra en moy un cruel scisme D'une ecpirose avec un *cataclisme.* 1553. Des Autelz, A 2b.

Caucasean. — Les forests, qui revetent Le dos *Caucasean.* 1583. *Virgile*, 58.

Cavein. — Le soleil ... En tous les animaux vient la vie alumer Ceux, et qui dans les bois, et qui par les campagnes, Et qui ont leur repaire aux *caveins* des montagnes. Baïf. II, 8.

Cecubain. — Tirer le *Cecubain* bruvage Des celiers. 1588. *Horace. Odes*, 22.

Cecropien. — Ainsi ... se void és abeilles enclose, *Cecropienne* race, une ardeur d'amasser. 1583. *Virgile*, 79b.

Celéen. — Les meubles *Celéens* de verges souples faits. 1583. *Virgile*, 39.

Celestement. — Une raison *celestement* donnée. 1554. Le Caron. *La Claire*, 71. — Godefroy, *Suppl.*, a un exemple de Pontus de Tyard.

Centrique. — Si tu congnoissois le nombre des cercles celestes ... leurs formes, leurs positions, poles, epicicles, cercles *centriques.* 1551. Leon Hebrieu, *trad.* Pontus de Tyard. I, 170.

Cerberin. — Elles te recueillant, de bave *Cerberine* Et d'Hydrien venin, te frottent la poitrine. Baïf. II, 116.

Cerien. — Un moissonneur, Seul Atropos mortel du *cerien* honneur. 1578. Boyssieres, 12.

Certiorer. — Le Roy ... luy contremanda aussi tost par un autre courrier, le *certiorant* au vray du miraculeux succes qui luy estoit advenu. 1573. Du Preau, 221.

Cesarien. — La force *Cesarienne.* 1535. *Le Peregrin*, 66.

Chalcidois. — Je me baniray donc, et mes vers d'une vene *Chalcidoise* chantés, chanteray sur l'avene Du pasteur de Sicile. 1583. *Virgile*, 34.

Chamailleure. — La *chamailleure* de leurs coups foudroyans. 1578. Boyssieres, 48b. — Cotgrave a Chamailleur et Chamaillis.

Chaonien. — Bache, et alme Ceres, si c'est par vostre grace, Que la terre a changé en une moisson grasse Le glan *Chaonien.* 1583. *Virgile*, 35b.

Charme-ennuys. — L'armonie Des accens *charme-ennuys* de ma lyre fournie. 1579. Du Monin, 106.

Charontide. — Brisant et rompant la *Charontide* barque. 1578. Boyssieres, 68.

Chasse-esmoy. — Antidote d'ennuis, trompe-dueil, *chasse-esmoy*, Puissant dieu Nisean. 1599. Lasphrise, 626.

Chassenuyt. — Le *chassenuyt* Phebus, pere des jours. 1553. Des Autelz, B 5.

Chasseuse. — La lune ... pour l'ayde qu'elle preste par sa lumiere aux chasseurs nocturnes, elle tient nom de *chasseuse.* 1551. Leon Hebrieu, *trad.* Pontus de Tyard. I, 251.

Chatoüillard. — Troupeau tempesté de ton *chatouillard* affolement. Baïf. II, 214. — Godefroy, *Suppl.*, a un exemple de Jodelle.

Chaud-mal. — 1578. G. Le Fevre. *Galliade*, 76.

Chaumeux. — Le soleil abbaissé, son nocturne hou, hou Du haut d'un toy *chaumeux*, n'entonne le hibou. 1583. *Virgile*, 44b.

Chenuer. — J'ayme une beauté dine D'estre es papiers qui *chenueront*, leuë. 1553. Des Autelz, C 6b.

Chevre-teste. — Les monts vestus de fueilleuses forests: Ceux-ci repaire aux mi-dieux *chevre-testes*. Baïf. II, 78.

Ciceronien. — La promptitude *ciceronienne*. 1535. *Le Peregrin*, 66. — Cette eloquente et certainement *Ciceronienne* oraison. 1554. Le Caron. *La Claire*, 44b.

Cinquantainerie. — Si une d'entr'elles [lames de plomb] a cinquante pouces de large premier qu'estre mise en goulet, on l'appelle *cinquantainerie*. 1547. *Vitruve*, 119.

Cirurgienne. — Et qu'il luy pleust envoyer ses *cirurgiennes* et medecines incontinent apres elle. 1554. *Amadis*. XI, 88.

Clairbrun. — Venns pare Son chaste front de grace *clairebrune*. 1553. Des Autelz, A 3.

Clair-bruny. — Pour rendre *clair-bruny* l'argenté de sa face. Baïf. II, 192.

Clair-courant. — Celle source *clair-courante*. Baïf. II, 393. — Godefroy, *Suppl.*, a un exemple de Buttet.

Cler-net. — Porte aux amis mes vers *clers-nets*. 1555. Fontaine, m 3b.

Clymenin. — L'enfant *Clymenin* mal traité de l'Aurore. 1579. Du Monin, 11.

Cocasin. — Sur voz monts *Cocasins* j'engrave mes services. 1599. Lasphrise, 135.

Cœurrongeant. — Le *cœurrongeant* soucy. Baïf. II, 365.

Coëvesque. — Par les patentes du present decret, nous ordonnons que vous Gibelin nostre trescher frere et *Coëvesque*, et voz successeurs. 1573. Du Preau, 261.

Cogitatif. — Choses procedentes de l'acte *cogitatif*. 1551. Leon Hebrieu, *trad.* D. Sauvage, 57. — Godefroy, *Suppl.*, a un exemple d'Oresme.

Cogniteur. — *Cogniteur* et amateur de la doulceur de ... solitude. 1535. Le Peregrin, 233b.

Coïen. — Toy qui as veu au tableau *Coïen*. 1553. Des Autelz, C 6.

Collaudatoire. — Sous autre chef extraordinaire ou mixte, sont les [lettres closes] nonciatoires, ... lamentatoires, *collaudatoires*. 1583. I. Papon. *Troisieme Notaire*, 57.

Colleric = Cholerique. — 1578. G. Le Fevre. *Galliade*, 84b.

Colligation. — La *colligation* que telles delectations ont avec l'Honneste. 1551. Leon Hebrieu, *trad.* D. Sauvage, 54.

Colofonien. — Eau *colofonienne.* 1578. G. Le Fevre. *Galliade*, 63.

Commandable. — Tout nostre Empire est ... adverty ... combien est *commandable* la ferveur de l'entreprise que vous poursuivez. 1573. Du Preau, 45.

Commendatoire. — La familiere de soy, *commendatoire*, remerciant, ..., sont toutes [lettres] familieres. 1583. I. Papon. *Troisieme Notaire*, 44.

Commeraille. — Apres avoir fini leurs tristes *commerailles*, Qui passoient en tristeur les tristes funerailles. Baïf. II, 117.

Commodable. — Prest mutuel, prest *commodable*, usage. 1585. I. Papon. *Premier Notaire*, 379.

Communité. — Ouvrages necessaires à toute la *communité.* 1541. Macault, 16.

Compactile. — Dessus ceste compaction ou assemblage soyent dressez des montans *compactiles*, c'est a dire qui se puissent joindre. 1547. *Vitruve*, 152.

Compaction. — 1547. *Voir* l'exemple à *Compactile.* — Daraïde ... jetta un souspir comme si la *compaction* de tous ses nerfz se deust rompre. 1554. *Amadis.* XI, 90.

Compagner. — Luisant flambeau, *compagnant* le soleil. 1554. Le Caron. *La Claire*, 169b.

Comparticipant. — Toy qui ne demande aucun adjuteur ne compaignon, ou *comparticipant* de ta gloire. 1573. Du Preau, 314.

Complacence. — Quelques modernes theologiens ... diffinissent l'Amour estre une *complacence* engendree au courage par la chose qui semble bonne. 1551. Leon Hebrieu, *trad.* Pontus de Tyard. II, 70.

Complexionnaire. — Les quatre humeurs *complexionnaires.* 1557. Pontus de Tyard, 117.

Comport. — Disciple studieus j'ai de mainte passee Arpenté le *comport* du celebre Lycee. 1579. Du Monin, 22.

Compression. — L'huylle qui vient de la *compression* faicte legierement est fort beau. 1545. A. Pierre, c 4.

Computation. — Du certain nombrement et *computation* des annees. 1573. Du Preau, 687.

Computeur. — D'un *computeur* plus certain vrayment digne. 1578. G. Le Fevre, 126b. — Cotgrave a Computiste.

Conciliatoire. — Sous autre chef ... sont les [lettres closes] nonciatoires, ..., gratulatoires, *conciliatoires.* 1583. I. Papon. *Troisieme Notaire*, 57.

Conditionner. — Fini et infini, sont conditions de quantité estendue, ou nombree, laquelle quantité ne peult *conditionner* sinon les corps. 1551. Leon Hebrieu, *trad.* Pontus de Tyard. II, 178. — Vous ne me pourriez mieux vouër nonne ... que de me *conditionner* un mary de vertuz et qualitez impossibles. 1554. *Amadis.* XI, 90b.

Conducible. — Le jour trezieme est grandement contraire Aux semoisons, es plantes *conducible.* 1547. R. Le Blanc. *Hesiode,* 67.

Conductiere. — Hallecret propre au *conductiere.* 1549. Macault, 84.

Connoissablement. — Non toutefois si *connoissablement* que je susse lire les caracteres. 1557. Pontus de Tyard, 35.

Consomptible. — Vray et formel usufruict, auquel la proprieté et substance des choses formellement demeure entiere au proprietaire: non pas quand c'est de choses *consomptibles.* 1585. I. Papon. *Premier Notaire,* 683.

Continuable. — Mieuaimant separer un *continuable* deviz. 1554. Le Caron. *La Claire,* A 4 b.

Contr'accord. — 1578. G. Le Fevre. *Galliade,* 104.

Contr'accorder. — 1578. G. Le Fevre. *Galliade,* 85 b.

Contr'Amour. — *Contr' Amour* nostre adverse partie. 1553. Des Autelz, C 3 b.

Contr'amye. — Lors commensay lire ta *contr'amye.* 1555. G. Teshault, dans Fontaine, p 3 b.

Contrarieux. — Moleste, et *contrarieux* adversaire. 1551. Leon Hebrieu, *trad.* Pontus de Tyard. II, 223.

Contr'Artique. — Pole *contr'artique.* 1571. G. Le Fevre. *Encyclie,* 179.

Contraymer. — Tu fus seul entre tous de race genereuse Que le vray Prince ayma d'un amour principal Et que tu *contraymas* d'un amour presque egal. 1578. G. Le Fevre, 132.

Contrechant. — 1578. G. Le Fevre. *Galliade,* 84. — Cotgrave a Contrechanter.

Contrechantre. — 1578. G. Le Fevre. *Galliade,* 104.

Contrectation. — Ce faisant il ne fait maniement ny *contrectation* indeuë. 1585. I. Papon. *Premier Notaire,* 138.

Contreface. — Ces deux ... parties d'homme estoient ... attachez et conjoints ensemble par les espaules en *contreface.* 1551. Leon Hebrieu, *trad.* Pontus de Tyard. II, 237.

Contremoitié. — Ce Solon qui est la *contremoitié* de Claire. 1554. Le Caron. *La Claire,* 7.

Contrepenetrer(se). — Les choses spirituelles incorporelles *se* peuvent *contrepenetrer.* 1551. Leon Hebrieu, *trad.* P. de Tyard. I, 98.

Contrepiller. — Si aucun ... a *contrepillé* quelque chose à son complice. 1554. Le Caron. *La Claire,* 27 b.

Contrepoiser(se). — Le mal *se contrepoise* au bien. Baïf. II, 448.

Contre-responce. — Leur creance entenduë par noz princes, ils ne s'en feirent que rire . Et pour *contre-responce* luy manderent. 1573. Du Preau, 161.

Contr'essayer. — Deus vents opposez ... qui ... *contr'essaient* de se veincre. 1557. Pontus de Tyard, 84. — Cotgrave a Contr'-essay.

Contre-tour. — Descouvrant l'apparence de ce *contre-tour* imaginé. 1557. Pontus de Tyard, 21.

Contretourner. — *Contretournant* ainsi l'entiere rondeur en trentesix mile ans. 1557. Pontus de Tyard, 18.

Contretrene. — Baïf. II, 202.

Controversie. — Entre l'Empire et le Sacerdoce, sur le different et *controversie* qui estoit entr'eux de l'anneau et baston pastoral. 1573. Du Preau, 286.

Convenamment. — Les necessaires delectations ... sont *convenamment* temperees à bonnes et necessaires fins. 1551. Leon Hebrieu, *trad.* P. de Tyard. II, 370.

Convictoire. — L'accusatoire, ..., lamentatoire, *convictoire*, ..., sont certes [lettres] serieuses et graves. 1583. I. Papon. *Troisieme Notaire*, 45.

Corne-bouc. — Ainsi des flots l'empereur Et le *corne-bouc* perdirent Tous deux leur proye. Baïf. II, 140.

Corporalité. — Lon paindra plustost sur les incrustatures, des monstres ou fantasies impossibles, que certaines representations de *corporalitez* estans en estre. 1547. *Vitruve*, 106.

Corporé. — Le moteur n'est point un corps, ou vertu *corporee*. 1551. Leon Hebrieu, *trad.* P. de Tyard. I, 65.

Couardie. — Parquoy voyant la craincte et *couardie* De tous les miens, et l'orgueil d'Arcadie. 1545. H. Salel. *Iliade*, 230.

Couchevin. — Dedans le nid du *Couchevin* paoureux, Est la vertu du gramen, plein de neuds. 1545. A. Pierre, 176 b.

Coulamment. — Il epilogue, il fait des vers *coulamment* beaux. 1599. Lasphrise, 628.

Coupablement. — Me monstrant *coupablement* blesmie Quelquun dira. Baïf. II, 179.

Couppe-noyse. — La bonne loy *couppe-noyse*. 1553. Des Autelz, Fb.

Courager. — Je poursuivois ma tristesse otieuse Quand le malheur son depit *courageant* Voguoit mon cœur. 1554. Le Caron. *La Claire*, 189.

Courbement. — Port, où se viennent frizez Trancher de la grand'eau les flots entrebrisez *Courbement* en replis. 1583. *Virgile*, 94.

Courbepin. — Le geant porte-masse, ou le *courbepin* Sine. Baïf. II, 122.

Courget. — L'autre tes flans fouëtte De *courgets* serpentins. Baïf. II, 126.

Couronnier. — De ta branche *couronniere* Meritant me couronner. Baïf. II, 44.

Coursette. — Ma Claire y court et j'avance mes pas Pour defrauder sa *coursette* mignarde. 1554. Le Caron. *La Claire*, 184.

Coutre-tirant. — Le labeur des beus *coutre-tirans*. 1579. Du Monin, 89.

Couvertoer. — Un vaisseau d'arain . . ., quand il est muny de son *couvertoer*. 1547. *Vitruve*, 113b.

Crache-feu. — L'éclatant murmure Du foudre *crache-feu*. 1579. Du Monin, 12.

Cravasseus. — Et toi, féve l'apas du *cravasseus* vilain. 1579. Du Monin, 106.

Crépeux. — Le sauvage buisson pendante produira La grappe rougissante, et la *crépeuse* mousse. 1583. *Virgile*, 20.

Crespellement. — Tes blanches mains tenoient la chesne heureuse, Et enlaçoient ce beau *crespellement*. 1554. Le Caron. *La Claire*, 174. — Godefroy, *Suppl.*, a Crespillement avec un exemple de 1604.

Cretain. — Aussi les ormes forts ne croissent d'une sorte, Les saulx, ny les lotiers, ny les cypres, que porte Le chef d'Ide *Cretain*. 1583. *Virgile*, 49b.

Creusure. — Au bout d'embas de la susdicte moufle on lye une louve de fer, dont les dentz entrent dedans les *creusures* des pierres faictes en bizeau. 1547. *Vitruve*, 136.

Croissandier. — Avant qu'ensemblement l'étoille *croissandiere* Ait par deus fois rondi sa double corne entiere. 1579. Du Monin, 18.

Crotoniate. — Alcmeon *Crotoniate* enrichit le soleil, la lune, et les autres astres, du nom de deïté. 1557. Pontus de Tyard, 128.

Croupis. — Sur les *croupisses* eaux. Baïf. II, 18. — Cotgrave a Croupi et Croupissant.

Croyeres. — En *croyeres* elle [l'eau] provient simple, sans grande abondance, et n'est de gueres bonne saveur. 1547. *Vitruve*, 111b.

Cruciement. — Quel peche . . . conduict cest ame au lieu de si grant *cruciement*. 1535. *Le Peregrin*, 231b.

Crudelité =? Credulité. — Tant enchantée est ma *crudelité*. 1553. Des Autelz, B 6.

Crueller. — Puis elle devint homme en *cruellant* son cœur. 1599. Lasphrise, 179.

Crustumien. — Les poires mesmement ne naissent pas d'un bois, Comme la Syrienne, et la *Crustumienne.* 1583. Virgile, 49b.

Curieuseté. — Passé de là je considere Tout tant que j'y voy fait ou faire, Par bonne *curieuseté.* Baïf. II, 454.

Cynamoniaque. — Je sentis de ceste rose bouche une alaine *cynamoniaque.* 1535. *Le Peregrin,* 69.

Cyniphien. — Tandis non moins on tond la saye cheveluë Avecques les mentons à la barbe chenuë Des boucs *Cyniphiens.* 1583. *Virgile,* 68b.

Cyprien. — Par l'alambic des *Cypriennes* roses. 1554. Le Caron. *La Claire,* 184.

Cyrneen. — D'ifs *Cyrneens* ton essein se preserve. 1583. *Virgile,* 31b.

Cytheré. — La lampe *Cytherée* N'allume point mon cœur. 1554. Le Caron. *La Claire,* 178b.

Cytherien. — Pour saluer le ciel *cytherien.* 1553. Des Autelz, C 6b.

Cytherique. — Qui eust pensé de vous image *Cytherique.* 1599. Lasphrise, 188.

Damnement. — Mon courroux et ma douleur ensemble Maudissent en mes vers ce condamné qui tremble Sentant son *damnement.* Baïf. II, 112.

Danois. — O le plus fort guerrier des gensd' armes *Danois.* 1583. *Virgile,* 92b.

Dardanois. — N'ay-je peu sur les champs *Dardanois* Renversé trebuscher. 1583. *Virgile,* 92b.

Darde. — Maugré la Parque, qui chetive En vain presentera sa *darde* Contre nostre noble renom. Baïf. II, 394.

Darde-feu. — Mes larmes n'aiant mon soleil *darde-feu.* 1579. Du Monin, 49.

Dardelé. — Deux serpents ... de langues *dardelées* De leurs gueules sifflants les baveux bords léchoient. 1583. *Virgile,* 113b.

Datrice. — Ta pitié, *datrice* de cent vies. 1554. Le Caron. *La Claire,* 175b.

Decimenter. — Flaterie ... plusieurs fois ... subvertit, *decimente,* et abbat royaulmes et empires. 1537. A. Du Saix, A 8.

Decussation. — Cela faict, suyvant lesdictes lignes longues on merque en travers des *decussations* autrement traictz quarrez. 1547. *Vitruve,* 144.

Dedaignemment. — Soyent tes os decharnez ... De la pluye et du vent, ... *Dedaignemment* battus. Baïf. II, 125.

Dedalien. — Des villes ont le soin celles de plus grand aage, De munir les bornaux, et de bastir l'ouvrage Des toits *Dedaliens.*

1583. *Virgile*, 79b. — Ainsi la folle outrecuidance Du brave fils *Dedalien.* 1599. Lasphrise, 185.

Deffaulte. — Se te suppli par grant affection, Filz et ami, supporter mes *deffaultes* En m'excusant, et mes tant lourdes faultes. 1555. G. Tamot, dans Fontaine, r 8.

Deffricheur. — Ung *deffricheur* qui (essartant la terre). 1541. Macault, aa 5.

Deformité. — La beauté et la *deformité.* 1551. Leon Hebrieu, *trad.* Pontus de Tyard. II, 92.

Defourrer. — Aux vignes le bourgeon *Defourre* le grapeau de son tendre coton. Baïf. II, 8.

Defranchiser. — Je prenoy congé de ma Muse guerriere A cause des cahos du temps pernicieux, Qui viole l'honneur de ses plus sacrez lieux Et qui *defranchisant* la retient prisonniere. 1599. Lasphrise, 501.

Degarroter. — J'ai veu rougir un astre à crin de feus nouveaus, *Degarrotant* sur nous la sanglante Bellonne. 1579. Du Monin, 12.

Deguizure = Desguiseure. — Baïf. II, 251.

Dehortatoire. — Ceste partie sert pour l'epistre hortatoire, et pour la *dehortatiore.* 1583. I. Papon. *Troisieme Notaire*, 60.

Dejaunir. — Pour *dejaunir* ma langueur improspere. 1554. Le Caron. *La Claire*, 190.

Delectablement. — Choses plus *delectablement* delectables. 1551. Leon Hebrieu, *trad.* Pontus de Tyard. II, 355. — Avaller preque insensiblement, voire *delectablement* la mort non doloureuse. 1557. Pontus de Tyard, 106. — Godefroy, *Suppl.*, a un exemple d'Oresme.

Deloi. — La loi inique n'est loi, ains plustot *deloi* (s'il m'est permis d'user de ce mot, comme de l'adjectif deloial, qui en semble venir). 1554. Le Caron. *La Claire*, 22.

Deloial. *Voir* Deloi.

Delphien. — Mourant pres du Roy *Delphien.* 1599. Lasphrise, 185.

Delugeant. — Si les yeux sont d'eau de toutes gens Comme les miens tant souvent *delugeans.* 1553. Des Autelz, Bb. — Cotgrave a Delugé.

Demasquer. — Elle en pourroit d'aventure cueillir le premier fruit du *demasquer.* 1554. *Amadis.* X, 91.

Demaster. — Il *demaste* sa nef, et du peril s'exempte. 1599. Lasphrise, 152.

Demouvoir. — Et ne me peut tristesse tant soit grande En *demouvoir.* 1554. Le Caron. *La Claire*, 161.

Demyvoyler. — Les crins épars non sujetz au lien *Demyvoylans* l'une et l'autre planette. 1553. Des Autelz, C 6b.

Denotement. — C'est *denotement* Qu'il est saison de faire ton froument. 1547. R. Le Blanc. *Hesiode*, 42.

Densateur. — Jupiter des nues *densateur*. 1547. R. Le Blanc. *Hesiode*, 12.

Dental. — *Dental* de bois, qu'on joint pres les limons. 1547. R. Le Blanc. *Hesiode*, 40.

Dentu. — La nature a doné dés leur nessance Aux animaux leur arme et leur deffance ... Aucuns *dentuz* d'une machoire fiere Claquent leurs dents. Baïf. II, 37.

Departisseur. — La vertu *departisseuse* s'exerce en toutes les actions de la vie. 1554. Le Caron. *La Claire*, 35b.

Deprecatoire. — Les [lettres closes] invectives, . . ., expurgatoires, *deprecatoires*, . . ., tiennent du judiciel. 1583. I. Papon. *Troisieme Notaire*, 57.

Deprehender. — Par quelle raison doncques peult on *deprehender* . . . celluy qui . . . ment. 1537. A. Du Saix, B 4b.

Déproportionner. — Ta conclusion *déproportionnant* le default de la congnoissance, et desir de ce qui default, me semble contraire. 1551. Leon Hebrieu, *trad.* Pontus de Tyard. II, 177.

Deregistré — De grammaire ja je suis *deregistré*. 1579. Du Monin, 112.

Deroler. — Deussent . . . les enrouez interpretes de la scholastique prudence me *deroler* de leur bande. 1554. Le Caron. *La Claire*, 19.

Deroquer. — Noz pionniers . . . triomphoient à *deroquer* les fondemens de la muraille. 1573. Du Preau, 64.

Desaggraver. — Cimothoë et Triton ahannants sous la charge Vont desencarener les nefs au ventre large Des pointes de l'escueil, et les *desaggraver*. 1583. *Virgile*, 93b.

Desamour. — Avec iceluy [Delectable] s'oste et cesse ensemble l'appetit et amour de telle délectation, et vient en contre-cueur et *desamour*. 1551. Leon Hebrieu, *trad.* D. Sauvage, 36.

Desangoisser. — J'ai desiré ma langueur violante *Desangoisser* par la libre raison. 1554. Le Caron, *La Claire*, 173b.

Desaprivoisé. — *Desaprivoisé* de toute gracieuse civilité. 1554. Le Caron. *La Claire*, 1.

Des-autoriser. — D'elle fut *des-autorisee* L'ancienne foy méprisee. Baïf. II, 456.

Desauvager. — Qui est celui des hommes, qui s'ause vanter d'avoir . . . entrepris de polir et *desauvager*, non les du tout champestres, ains ceus lequelz facilement ne se laissent traitter. 1554. Le Caron. *La Claire*, 16.

Deseichement. — Le blanc mouillé se fait noir par un *deseichement*. 1557. Pontus de Tyard, 106.

Desemperler. — Si la mer Persienne estoit *desemperlee.* 1578. Boyssieres, G 4.

Desencarener. — *Voir* Desaggraver.

Desenchantement. — Leur *desenchantement* ne sera present, ains reservé au dernier de la race. 1554. Amadis. XI, 130b.

Desfaillement. — Je veoye bien prochain le *desfaillement* de mon vivre. 1535. *Le Peregrin,* 5.

Deshonnester. — Les operations doivent estre convenientes aux ouvriers autrement *deshonnestent* leur condition. 1535. *Le Peregrin,* 91 b.

Deshortatoire = Dehortatoire. — 1583. I. Papon. *Troisieme Notaire,* 61.

Desmesure. — Extreme *desmesure* de tributs. 1573. Du Preau, 8.

Desnaturément. — *Desnaturément* le noyer en la froide profondeur des puits. 1557. Pontus de Tyard, 106.

Desommeiller. — Cette douce semonce ... *desommeilla* mon esprit. 1555. Le Caron. *La Claire,* 6b.

Desorguillir. — Du grand dieu le foudre rigoreus *Desorguillist* la bande porphyreuse. 1554. Le Caron. *La Claire,* 3b.

Despectoire. — L'accusatoire, ... condolente, *despectoire,* ..., sont certes [lettres] serieuses et graves. 1583. I. Papon. *Troisieme Notaire,* 45.

Desponsation. — Le consentement est seulement requis à la *desponsation* nuptiale. 1585. I. Papon. *Premier Notaire,* 255.

Dessommeiller = Desommeiller. — Chacun tu *dessommeilles.* Baïf. II, 217.

Desvoyable. — Puis tourna au chemin de Cleofile qu'il suivit aux esclotz du palefroy au plus *desvoyable* endroit de la forest. 1554. *Amadis.* XI, 153b.

Deterieur. — Il est escrit, que l'homme est maudit qui fait sa part *deterieure.* 1573. Du Preau, 311.

Detractation. — Les detractions, *detractations,* et retractations. 1541. Macault, aa6.

Detracteresse. — Quand ilz voudroient continuer leurs moqueries *detracteresses.* 1554. Le Caron. *La Claire,* 12b.

Detractif. — Ilz se plaisoyent à faire bon banquet Sans vitupere, et *detractif* caquet. 1547. R. Le Blanc. *Hesiode,* 16.

Detrimenter. — Le roy de Damas ... craignoit fort qu'ils ne fussent venus en intention plustost pour *detrimenter* luy et son Royaume, que pour guerroyer les Chrestiens. 1573. Du Preau, 255.

Detroublant. — La terre ... D'une éternelle peur ton repos *détroublante.* Baïf. II, 115.

Devancement. — L'homme ... connoist les causes des choses,

et d'icelles les progrez et quasi *devancementz* n'ignore. 1554. Le Caron. *La Claire*, 65.

Devinoir. — Où sont les trepieds de Clare, Les *devinoirs* de Patare. Baïf. II, 49.

Dianin. — En la *Dianine* bande Par les forests va chassant. Baïf. II, 45.

Didascalic. — Son stile est pur *didascalic*, et propre à personnes qui enseignent. 1551. Leon Hebrieu, *trad.* D. Sauvage, 9.

Diffinement. — Le *diffinement* du monde par feu. 1557. Pontus de Tyard, 144.

Diffinir . Diffinition = *Definir . Definition.* 1551. Leon Hebrieu, *trad.* D. Sauvage, 11.

Digestement. — Hommez emmegris en laborieuse .... leçon d'infinis tomes, dequelz leur esprit est plus confusement troublé, que *digestement* instruict. 1554. Le Caron. *La Claire*, 16b.

Dilayable. — Distinguans la signifiance du signe: ou en perpetuelle et durable, determinee, ... ou en *dilayable.* 1557. Pontus de Tyard, 87.

Diminue. — Tes yeux ... Ont de leur grand clarté fait une *diminue* Des brouillars pluvieux. 1578. Boyssieres, 8.

Dioptre. — Le nyvellement ... se faict par *dioptres*, instrumens geometriques propres à guigner si une chose est droitte ou non. 1547. *Vitruve*, 117b.

Dirution. — Usufruict qui finit et est estaint par la seule *dirution.* 1585. I. Papon. *Premier Notaire*, 689.

Disciplinal. — Choses nuement difficiles et *disciplinales.* 1551. Leon Hebrieu, *trad.* Pontus de Tyard. I, 181.

Disparent. — L'experience oculaire des estoiles apparentes et *disparentes.* 1557. Pontus de Tyard, 13.

Dispositivement. — Si on veut dire, que les mœurs des hommes sont *dispositivement* et contingemment variées par la disposition des étoiles, cette chose peut avoir quelque vérité. 1547. David Finarensis, *dans* Du Verdier. III, 446.

Disputatoire. — Sous autre chef ... sont les [lettres closes] nonciatoires, ..., officieuses, *disputatoires.* 1583. I. Papon. *Troisieme Notaire*, 57.

Disputatrice. — Apres lui avoir ... depeint les couleurs de la vulgaire parolle, faconde et copieuse eloquence, et de la *disputatrice* subtilité. 1554. Le Caron. *La Claire*, A 6.

Dissoluble. — Dieu souverain parle ainsi avec les celestes: Vous estes mon ouvrage, et *dissolubles* de vous mesmes. 1551. Leon Hebrieu, *trad.* Pontus de Tyard. II, 138. — Godefroy, *Suppl.*, a un exemple de Brun de Long Borc.

Dissolvable. — Il est bien vray que les cieux, pource qu'ilz sont faits de forme, et de matiere, seroient *dissolvables.* 1551. Leon Hebrieu, *trad.* P. de Tyard. II, 137.

Dissuasoire. — De mesme sorte sera la [lettre close] *dissuasoire* envers la suasoire, qu'a esté la deshortatoire envers l'exhortatoire. 1583. I. Papon. *Troisieme Notaire,* 61.

Distemperature. — L'appetit charnel ... se perd par la *distemperature* de la complexion, et maladie du corps. 1551. Leon Hebrieu.

Distemperé. — Celuy duquel l'entendement est corrumpu, et la volunté *distemperee,* et desordonee. 1551. Leon Hebrieu, *trad.* P. de Tyard. II, 91.

Distempérie. — De cette température vient la santé, et de la *distempérie* les maladies diverses. 1578. Pontus de Tyard, *dans* Du Verdier. V, 365.

Distribueur. — Les officines ou maisons des preparateurs et *distribueurs* de ceste marchandise. 1547. *Vitruve,* 108b.

Diversification. — La *diversification* entre la terre et l'eau. 1551. Leon Hebrieu, *trad.* P. de Tyard. I, 263. — Godefroy, *Suppl.,* a un exemple de 1456.

Dividu. — *Dividu,* ou individu, corporel, ou incorporel. 1583. I. Papon. *Premier Notaire,* 417.

Divisable. — Pentagones ... *divisables* en ... triangles. 1557. Pontus de Tyard, 62. — Cotgrave a Divisible.

Diviseur. — De l'un de ces quatre points, ... le point premier *diviseur* du ciel, doit estre choizi. 1557. Pontus de Tyard, 25.

Dizannal. — Amour ... Pour la beauté querelleuze d'Heleine Salaria la *dizannale* peine Du grec laurier. 1553. Des Autelz, A 7.

Docte-humain. — Ta personne tant *docte-humaine.* 1555. Fontaine, m 7 b.

Doctevaillant. — Romus le Duc *doctevaillant.* 1553. Des Autelz, F 7.

Dodonide. — Les astres nombra alors, et nomma le nocher, La Pleiade à sept feux, la troupe *Dodonide* Et aux yeux éclairans l'Ourse Lychaonide. 1583. *Virgile,* 38b.

Dolemment. — Que tous arbres ce jour soyent *dolemment* meuertriers, Ressemblans au cyprés, au bouys et meuriers. 1599. Lasphrise, 515.

Dommageux. — Je ne fais point parolle avec toy pource que je y sente aucune chose *dommageuse.* 1535. *Le Peregrin,* 11.

Dompte-dieux. — Voy que le *Dompte-dieux* m'a jetté mille dars. 1599. Lasphrise, 142.

Dompte-rebelle. — Henry, le roy *dompte-rebelle.* 1553. Des Autelz, B.

Dompteresse. — Le faucheur de sa faux *dompteresse* de tout. 1578. Boyssieres, 66.

Donnebonheur. — C'est en ton honneur, Dieu *donnebonheur*. Que cette feste Ainsi S'appreste. Baïf. II, 214.

Donne-jour. — Christ porte-croix, *donne-jour*, Tout-puissant. 1578. G. Le Fevre, 117. — Soit où le front rosin de l'Aurore desserre Le *donne-jour* courrier. 1579. Du Monin, 13.

Donte-chevaux. — Ja les chiens de Taygete, Et le mont Cytheron nous huchent à cris hauts Avecques Epidaur brave *donte-chevaux*. 1583. *Virgile*, 62.

Dos-lainu. — C'est mettre sur les rangs le *dos-lainu* bergail Et la troupe barbue. 1583. *Virgile*, 68.

Douaigrissant. — Est-ce d'amour la tromperesse loi D'ainsi pipper la constance eplorée *Douaigrissant* son angoisse empirée. 1554. Le Caron. *La Claire*, 167.

Doubl'aiguiser. — Mon triste ennui me fait cent fois perir, *Doubl'aiguisant* le vif de sa pointure. 1554. Le Caron. *La Claire*, 167 b.

Double-pied. — Prophete de Neptun Prothee au bleu visage ... dans un char monté Par chevaux *double-pieds* conduit à travers l'onde, Va mesurant l'azur de la grand mer profonde. 1583. *Virgile*, 84 b.

Dou-bruiant. — Le dieu qui porte en escharpe L'arc et le doré carquois, Et la *dou-bruiante* harpe. Baïf. II, 55.

Douc'aigre. — Voiez amantz comme une ame comblée Du vain espoir, qui repaist sa langueur, ... S'enlasse aus retz de *douc'aigre* rigueur. 1554. Le Caron. *La Claire*, 160.

Douc'aigret. — Le tendrelet Enfantelet de Venus *douc'aigrette*. 1553. Des Autelz, C 5.

Doucuisant. — Mais de son cœur la cruauté monstreuse Rompit le fil par desdains *doucuisantz*. 1554. Le Caron. *La Claire*, 190.

Dou-flairant. — Et vous aussi, lauriers, je vous appelleray, Et toy, myrte voisin: car de vous tous ensemble Un meslange d'odeurs *dou-flairantes* s'assemble. 1583. *Virgile*, 15.

Dou-luisant. — Venus *dou-luisant* n'œillada ta naissance. Baïf. II, 166.

Dousonnant. — O Cynthien *dousonnant*. 1553. Des Autelz, I 2 b.

Dousouflant. — Le *dousouflant* Zephire. 1553. Des Autelz, F 4.

Dou-souevement. — Mignonne encores y va le narcis ajoutant, Et la fleur de l'anet *dou-souevement* sentant. 1583. *Virgile*, 14 b.

Dousserain. — De qui les yeux divins donnoient suffisant tesmoignage En son regard *dousserain* du haut sourjon de son lignage. Baïf. II, 63.

Doussonner. — Des beautez le lustre gracieus .... Orne le chant que ma Muse *doussonne*. 1554. Le Caron. *La Claire*, 160.

Doux-souëf. — L'hyacinthe en odeur *doux-souëf* rougissant. 1583. *Virgile*, 17 b.

Doux-unique. — Le temps à peine amenera Un poëte si *doux-unique* qui plus doucement sonnera. 1555. Fontaine, f 2.

Droit-aligné. — Ma rive *droit-alignée*. Baïf. II, 439.

Droit-conseillant. — Plus me plaist ... d'user de *droit-conseillant*, ... au lieu de jurisconsulte. 1554. Le Caron, A 4.

Droitsistant. — Les jurisconsultes ... le nomment Ius, lequel mot Ulpian dist estre appellé de Justice, comme si Justice estoit dite, quasi *droitsistant*. 1554. Le Caron. *La Claire*, 26 b.

Dueilluisant. — Le flambeau de *dueilluisante* flame Me dresse un lit au tombeau funebreus. 1554. Le Caron. *La Claire*, 168 b.

Durmollet. — C'est le tendrelet Enfantelet de Venus douc'aigrette Lequel me traite en estat *durmollet*. 1553. Des Autelz, C 5.

Ebondé. — Fai maintenant qu'on entende les pleurs, Et les souspirs *ebondez* de mes pleintes. 1554. Le Caron. *La Claire*, 173 b.

Ebranche-laurier. — Quelle gloire en receut cet *ébranche-laurier*. 1578. Boyssieres, G 2 b.

Ecarlater. — Le sang *écarlatoit* la pleine. 1553. Des Autelz, G 4.

Ecombattre(s'). — Tu as beau te debattre. Si ne pourras-tu pas d'avec moy *t'ecombattre*. Baïf. II, 194.

Ecpirose. — Le regard tien Dont s'engendra en moy un cruel scisme D'une *ecpirose* avec un cataclisme. 1553. Des Autelz, A 2 b.

Ecumier = Escumier. — 1599. Lasphrise, 114.

Edire. — Si donc icelles venues à la couronne *edisent* et ordonnent. 1554. Le Caron. *La Claire*, 17 b.

Efemeridial. — Je ne juge vostre fievre que diaire ou *efemeridiale*. 1554. Amadis. XI, 29. — Cotgrave a Efemeridiaire.

Effaçure. — Les [vers] impolis fera d'une noire *effaçure* Par la plume rayer. 1588. *Horace. Epistres*, 67.

Effectuel. — Avec volonté *effectuelle* de ne surpasser ce qui est juste. 1585. I. Papon. *Premier Notaire*, B 2 b.

Effectuellement. — Voila les fruitz, les vertuz et les Filles de ce gracieux Sexe Femenin, et par Femmes *effectuellement* produites. 1555. Billon, 108 b.

Efficacieusement. — L'ame en soy restraincte nulle chose si *efficacieusement* ne pense comme elle fait de son object delectable. 1535. *Le Peregrin*, 144.

Efficassime. — Contrainct et vaincu de tes *efficassimes* prieres. 1535. *Le Peregrin*, 1.

Effroyeusement. — Quand Dardanus eut perpetré ce criminel oultrage ... et il fust *effroyeusement* et en grand trouble monté sur mer. Le Maire. I, 95.

Egression. — Ie passerai souz silence l'autorité des Italiens par ce que les impertinentes *egressions*, desquelles ilz se monstrent indiscretement affectez, les a dès long tens depoullez de credit. 1554. Le Caron. *La Claire*, ã 2b.

Egreur. — Qui ... recommancent l'assault ... plus ardemment et avec plus d'*egreur* qu'ils n'avoient encore fait. 1573. Du Preau, 297.

Elanguir. — Jamais de te servir la fortune ou malheur *Elanguira* mon ame d'amour pleine. 1554. Le Caron. *La Claire*, 172b.

Elemental. — Les philosophes naturels ont representé en chacun corps humain un petit monde nommé des Grecs μιχρόχοσμος, pour trouver en sa composition tout ce que l'on pouvoit proprement désirer à le parfaire, tant en la variété, que ressemblance *élémentale*. — 1585. I. Papon. *Premier Notaire*, B 2.

Elemosyner. — [Genevre] avec celle blanche main qui mon cueur ferme et ouvre me *elemosyna* et l'aumosne me donna. 1535. Le Peregrin, 80b.

Eleusine. — Les chariots roulans tardivement, dont fut Jadis l'usage appris par l'*Eleusine* mere. 1583. *Virgile*, 39.

Elongnément. — Ne craindre de rechercher plus *elongnément* la question qui s'offrira. 1554. Le Caron. *La Claire*, A 4.

Elourdir. — Rigueur qui par le tens renforce sa vigueur Pour *elourdir* la faveur enrouillée. 1554. Le Caron. *La Claire*, 160b.

Elusion. — L'auteur ... use de plusieurs *élusions*, captions, ou surprises de paroles et d'argumens. 1551. Leon Hebrieu, *trad.* D. Sauvage, 11.

Emandation. — Ulpian dit le droit estre appellé de Justice, ... non ores qu'il est droit, c'est à dire *emandation* d'injure. 1554. Le Caron. *La Claire*, 29.

Emaslé. — Et son cors *émâslé* s'y estoit afemmy. Baïf. II, 194.

Emblesmir. — Ilz avoient quelques petites playes, dont le sang qu'ilz perdirent leur *emblesmit* le visage. 1552. Amadis. X, 59b. — Ce fier desastre double *emblemist* vostre honneur. 1599. Lasphrise, 513.

Embleux. — Une éclipse *embleuse* de clarté. 1579. Du Monin, 23.

Emburiner. — Tu as *emburiné* ton image sacrée. 1579. Du Monin, 17.

Embucheus. — Mon ame lors, qui n'estoit offensée, Craignant l'effort d'un *embucheus* tourment Se delaçoit du triste annellement. 1554. Le Caron. *La Claire*, 197.

Emergeance. — Notamment est réservé en tout et par tout en la nouvelle constitution dudit Justin. la nouvelle *emergeance* d'aucune charge, que l'on n'avoit préveu. 1585. I. Papon. *Premier Notaire*, 755.

Emerveillablement. — Ceux qui étaient là jusqu'au moindre, tous détournèrent leur face, égarèrent et jetèrent leurs vues sur Thémistocle *émerveillablement*. 1561. Bounyn.. *La Soltane*, dédicace.

Emmarbré. — Ne sçavez pas bien . . . Qu'une fust *emmarbrée* ayant trop de rigueur. 1599. Lasphrise, 107.

Emmateler(s'). — D'habits neigeux *se* va par les froidures La terre *emmatelant*. 1593. *Virgile* . *Epigrammes*, 12b.

Emmegri. — Les hommes *emmegris* en laborieuse et inutile leçon d'infinis tomes. 1554. Le Caron. *La Claire*, 16b.

Emparadiser. — Le beau desir sucrin qui brave *emparadise*. 1599. Lasphrise, 312.

Emparesser. — Tu n'imite l'engraveur, Que l'imagere taillure Attire au vulgaire honneur De la muette graveure, De l'ouvrage élabouré *Emparessant* la louange. 1554. Le Caron. *La Claire*, 192b.

Empartir(s') — Lors la bande *s'empart*, et là *s'empartant* laisse De ses flambeaux cuisans une fumiere épaisse. Baïf. II, 119.

Empesche. — Contemplation à laquelle les biens n'apportent petite *empesche*. 1551. Leon Hebrieu, *trad.* P. de Tyard. I, 37.

Enaider(s'). — L'autre d'art imposteur du noir Pluton *s'enaide*. 1579. Du Monin, 120.

Enaiguant. — Quand tariray-je *enaiguant* ma fontaine. 1553. Des Autelz, B 2b.

Enamourement. — Si voudrois je que tu me declairasses particulierement l'*enamourement* et les generations d'aucuns. 1551. Leon Hebrieu, *trad.* P. de Tyard. I, 194.

Enarration. — Cette *enarration* qu'avez instituée. 1554. Le Caron. *La Claire*, 28b.

Enastrer. — Pour l'*enastrer* au clos des célestes surfaces. 1579. Du Monin, 110.

Enceinter. — Icy sera tenu l'empire par l'espace De trois cens ans entiers sous l'Hectoride race: Tant que Royne prétresse Ilie *enceintera* De l'œuvre du Dieu Mars. 1583. *Virgile*, 96b.

Enceinturé. — On voit la rive Thracienne . . . *Enceinturée* en grands chesnes. Baïf. II, 76.

Encendrer(s'). — Cest Amour, mon Amour de long temps enflamée Ne pourra *s'encendrer*, ni aller en fumée. 1599. Lasphrise, 183.

Encendriller. — *Encendrillez* mon feu. 1599. Lasphrise, 312.

Encendroier. — Du grand Dieu le foudre rigoreus Desorguillist la bande Porphyreuse, *Encendroiant* en la poudre flegreuse L'inique effort de l'assault malheureus. 1554. Le Caron. *La Claire*, 3b.

Encercueiller. — Las je sai bien que tous mortelz nous sommes,

Et qu'Atropos *encercueille* les hommes. 1554. Le Caron. *La Claire*, 167 b.

Enchant. — Quant à *στροφὴ* que j'ay appelé tour, *αντιστροφὴ* retour, et *ἐπῳδός* (non si heureusement) *enchant*. 1553. Des Autelz, D 8b.

Encharmer. — Cet œil sorcier qui mes pensers attrait, Pour *encharmer* mon ame deguisée. 1554. Le Caron. *La Claire*, 174b.

Enchevautré. — Au parc felon le tigre *enchevautré*. 1579. Du Monin, 16.

Enclumer. — Tu ne serois encor'si profond *enclumé*. 1578. Boyssieres, 1 b.

Encontrement. — *Voir* Auspicatement.

Encouronner. — Ma France, dont l'honneur l'honneur mesme *encouronne*. 1599. Lasphrise, 106.

Encouvrir. — Des cieux la voûte ronde Tu lambrissas *encouvrant* ce grand monde. Baïf. II, 77.

Encruelli. — Pourquoi me regardes-tu En marastre *encruellie*. 1584. *Horace . Odes*, 135.

Encueuvrer. — Il faict la rouë, et pour la fin de l'œuvre Du panier d'or les lévres il *encueuvre*. Baïf. II, 425.

Eneade. — Qui ne cognoist le sang des *Enëades* forts. 1583. *Virgile*, 103b.

Enfante-jour. — Hardi j'ai promené les ronssins brillonnans De l'astre *enfante-jour*, 1579. Du Monin, 11.

Enfantelet. *Voir* Douc'aigret.

Enflame-cœurs. — Tant plus je parle à elle, et tant plus je la voy, L'Amour *enflame-cœurs* diversement me ronge. 1599. Lasphrise, 270.

Enflamezon. — L'*enflamezon* coulisse D'un long trait blanchissant atravers l'air se glisse. Baïf. II, 15.

Enflammaison. — Grand merveille à celuy qui ne sçait la raison Du motif naturel de telle *enflammaison*. Baïf. II, 16.

Enfosser (s'). — Quand les entablemens . . . *s'enfossent* et affaissent par la cambrure des solives. 1547. Vitruve, 102b.

Enfurier. — Mais puis qu'au feu du bel esprit, je prens Cette fureur, pour luy seul j'entreprens *Enfurier* les langues de ma lyre. 1553. Des Autelz, C 6b. — Cotgrave n'a qu'Enfurié.

Engendrable. — La matiere des *engendrables* et corruptibles. 1551. Leon Hebrieu, *trad.* P. de Tyard. I, 205. — De toutes choses les unes sont *engendrables* et perissables. 1557. P. de Tyard, 60.

Engenner. — L'aspre tourment d'une angoisse amoureuse Qui *engennant* mon âme langoureuse La fait pasmer. 1554. Le Caron. *La Claire*, 186.

Englacer. — Là mon affection n'*englacera* de peur. 1599. Lasphrise, 308. — Cotgrave n'a que S'englacer.

Engommer. — Object plaisant, ... Qu'un fard rozin de meurtriere couleur A *engommé* des pleurs de ma douleur. 1554. Le Caron. *La Claire*, 186.

Engrandi. — Malgré les verz, la terre gardera Tes oz sacrez, quand le tombeau sera Ouvert pour toi, qui ne pourra se clorre, Pour ton saint corpz des honneurs *engrandi*. 1554. Le Caron. *La Claire*, 168.

Engroissement. — Juno desdaignée et jalouse de cest *engroissement*. 1551. Leon Hebrieu, *trad.* P. de Tyard. I, 224.

Enguignoire. — Comme une baguenaulde, une happelourde, une *enguignoire*. 1537. A. Du Saix, Bb.

Enigmatizer = Ainigmatizer. 1554. Le Caron. *La Claire*, 25.

Enixement. — Si *enixement* le testateur a faict déclaration, ..., cela vaut une prohibition. 1585. I. Papon. *Premier Notaire*, 754.

Enlierré. — Nous menâmes ce bouc à la barbe dorée, Ce bouc aux cors dorez, la beste *enlïerrée*, En la sale où le Poète aussi *enlïerré*, Portant son jeune front de lierre entouré, Atendoit la brigade. Baïf. II, 210.

Ennimé. — Noz gens qui *ennimez* de ses importunitez et bravades, le renforcerent en sa ville. 1573. Du Preau, 164.

Ennubler (s'). — Le jour que tu naquis du ciel la torche claire .., Obscure *s'ennublant* d'un brouillas épessi. Baïf. II, 116.

Enonciatoire. — L'accusatoire, ... injonctoire, *enonciatoire*, ... sont certes [lettres] graves et sérieuses. 1585. I. Papon. *Premier Notaire*, 45.

Enouler. — L'hyver vient il? Les noix lors on *enoule*. Baïf. II, 41.

Enrousoier. — Nostre langue n'estoit qu'un petit ... sion ... aussi noz ancestres le laissoient ... presque mourir ... ne daignans ... epuiser des eaus Galliques la sucrine et mieleuse douceur ... pour l'*enrousoier* et asperger. 1554. Le Caron. *La Claire*, 9b.

Enruisselé. — Tes beaux champs *enruisselez* Des ondes du blandissant Tybre. 1588. *Horace* . *Odes*, 25.

Ensceptrer. — Qui, bien qu'un diademe en plusieurs ne s'encombre *Ensceptre* un Dieu de trois. 1579. Du Monin, 10. — Cotgrave n'a que Ensceptré.

Ensepulchrer. — Sa main m'estraint d'une cruelle borne, M'*ensepulchrant* comme un corps phantosmé. 1554. Le Caron. *La Claire*, 167b.

Enstatuer. — J'ay ... sus l'autel de mon devot hommage *Enstatué* ton excellente image. 1554. Le Caron. *La Claire*, 187b.

Entarguer. — Afin que voz fiertez n'*entarguent* leur victoire. 1599. Lasphrise, 179.

Entelette. — Les fruictiers séveux esbranchant Y met meilleures *enteletles*. Baïf. II, 153.

Entendiblement. — 1538. R. Etienne. *Dict. Latinogallicum*, 385.

Entitré. — Quand du nom de monsieur tu m'entens *entitré*. 1579. Du Monin, 112.

Entortil. — Sur ton chef guerrier Je pose, heureux, l' *entortil* d'un laurier. 1578. Boyssieres, 6.

Entrabandonner. — Les uns des autres n'ayans cure, Nous sommes *entrabandonnez*. Baïf. II, 398.

Entr'allier. — De rebelles accords *Entr'alliant* les membres de ces corps. Baïf. II, 77.

Entrapuyer (s'). — Lis dont les blancheurs de long tems espanies *S'entrapuyans* se deteignent fanies. Baïf. II, 180.

Entrebeer. — La Terre ... Te face tremblotter douteux qu'*entrebeant* Elle ne t'engloutisse. Baïf. II, 114.

Entrebrasser (s'). — Les vents calmes rendus Estendirent égal le sein des moites plaines, Et de rechef soufflant les fréquentes haleines Dessus la haute mer invitoit l'astre heureux, Quand s'esleve un grand pleur par le rivage creux, *S'entrebrassants*, un jour et une nuit se passe. 1583. *Virgile*, 181b.

Entrebriser . Entrebriser (s'). — Les corps des astres choqueroient et *entrebriseroient* les cercles l'un de l'autre. 1557. Pontus de Tyard, 53. — Ils se hurtent et *s'entrebrisent* l'un l'autre. *Ib.*, 136. — Cotgrave n'a que Entrebrisé.

Entrebroché. — *Entrebrochez* d'or les vestemens de prix. 1583. *Virgile*, 58b.

Entrechange. — Les odorantes fleurs ... D'un gracieux *entrechange* Font que tout y rit. Baïf. II, 131.

Entrechasser (s'). — Les jours et les nuits qui *s'entrechassent* continuellement. 1557. Pontus de Tyard, 37.

Entrechercher (s'). — Sur ces paroles *se* viennent *entrechercher*. 1552. *Amadis*. X, 116b. — Baïf. II, 265.

Entrecherer (s'). — Pendant que les ames maistresses *s'entrecherent* et visitent. 1554. Amadis. XI, 154b.

Entr'éclaircir. — Le lustre ... de la nouvelle tapisserie ... *entr'éclaircit* mon ame à la contemplation d'un ... object. 1554. Le Caron. *La Claire*.

Entrecorrompre (s'). — Nul d'eux en son entier pur et net ne séjourne, Mais *s'entrecorrompans* engendrent tous les corps. Baïf. II, 4.

Entre-cours. — Ny des hommes les freins, ny les foets rigoureux, Ny le front eslevé des monts et rochers creux, Ne les peuvent tarder, ny de leurs ondes fieres Roulant les monts ravis l'*entre-cours* des rivieres. 1583. *Virgile*, 67.

Entre-cousu. — Les cuirs de sept grands bœufs Se roidissoient d'un fer, et d'un fardeau plombeux *Entre-cousu* dedans. 1583. *Virgile*, 173.

Entrecreusé. — J'ai veu ... Les ravageurs torrens ... Par rochs *entrecreusés* diligenter leurs pas. 1579. Du Monin, 13.

Entre-devis. — En cest'*entre-devis* avait l'Aube dorée .... Ja couru le my-Ciel par son étheré cours. 1583. *Virgile*, 190b.

Entreférir (s'). — Lors s'aprochèrent pour *s'entreférir*, et jouer des cousteaux. 1546. *Amadis*. VIII, 101.

Entre-flot. — Neptune ... Du Sicilien flanc il baigne mitoyen Les villes et les champs séparez du rivage D'un *entre-flot* estroit. 1583. *Virgile*, 138b.

Entrefrayer (s'). — Aux herbages Les moutons gras des cornes *s'entrefrayent.* Baïf. II, 41.

Entregaudir (s'). — Eulx trois ensemble retournèrent vers la fontaine non sans *s'entregaudir* de ce qui leur estoit advenu. 1544. *Amadis*. V, 93b.

Entrejouter (s'). — Et les cochets réglissent leurs plumages *S'entrejoutans* dans la court. Baïf. II, 41.

Entre-lune. — Désormais vieille, à ton tour Plaindras en un seul destour De tes muguets l'arrogance, Légère aux Aquilons froids Soubz les *entre-lunes* cois Horriblantz plus à oultrance. 1584. *Horace . Odes*, 28.

Entremignotter (s'). — Sans nous envisager en passant je la pousse, D'un frayement de lèvre, et d'une œillade douce *Nous entremignottons.* — 1599. Lasphrise, 263.

Entremirer (s'). — Tous les autres chevaliers *s'entremiroient* les uns aux autres. 1552. *Amadis*. X, 57b.

Entrereprocher (s'). — *S'entrereprochans* les uns aux autres le long séjour qu'ils y employoient. 1573. Du Preau, 246.

Entrerire (s'). — S'embrasser, s'entrevoir, *s'entrerire.* 1555. Fontaine, s6.

Entr'escrire (s'). — Ce livre des amis *S'entr'escrivans* par amitié. 1555. Fontaine, pb. — Leur plus grand bien alors c'est *s'entr'escrire. Ib.*, s6. — Godefroy, *Suppl.*, a un exemple de 1576.

Entr'éveiller. — Soit qu'un cousin l'*entr'éveille.* Baïf. II, 47.

Entre-opresser. — L'altération l'*entre-opressa* si fort. 1578. Boyssieres, 17.

Entreprier (s'). — *S'entreprians* d'oster la main de devant la playe. 1554. *Amadis*. XI, 119.

Entretirer (s'). — Les deus mouvemens contraires de la planette, et du port-Epicicle, *s'entretirent.* 1557. Pontus de Tyard, 33.

Entreveincre (s'). — Les contrariétez *s'entreveinquent*. 1557. Pontus de Tyard, 65.

Entrevoller. — La vertu de Justice ... ne permet *entrevoller*. 1554. Le Caron. *La Claire*, 27b.

Envalizer. — Et s'est tellement à la contemplation d'icelles [voz beautez] dedié, que voulant sa rude et grossière nature *envalizer*, il m'a laissé, pour estre du tout vostre. 1554. Le Caron. *La Claire*, 77b.

Envasion. — Il defendoit les moindres d'injure et inique *envasion* des plus fortz. 1554. Le Caron. *La Claire*, 27b.

Envermeiller. — Et souvent nous voyons ... des fruits empierrez du rouge cornoiller Les pruniers transformez leur chef *envermeiller*. 1583. *Virgile*, 48b.

Envermeillonner. — Tost adviendra qu'*envermeillonne* Les raisins pallissants l'Autonne. 1588. *Horace . Odes*, 26.

Envéture. — De soy le bélier changera és prés vers Sa toison ou en pourpre ou en jaune tainture, Et aux agneaux paissans l'écarlate *envéture* De soy se donnera. 1583. *Virgile*, 20.

Envillir. — Le ciel jalouz en tous ses globes erre Pour *envillir* par sa félicité Des élémentz la prodigalité. 1554. Le Caron. *La Claire*, 169.

Epanchément. — En reposant, Tityre, à l'umbrage couvert De ce hestre au fueillage *épanchément* ouvert. 1583. *Virgile*, 11.

Epanche-fleuve. — La race de Neptun', l'enfant *épanche-fleuve*, Et les Poissons, dont l'astre au dernier rang se treuve. 1583. *Virgile . Epigrammes*, 15b.

Epervanche. — Là est le tim, l'*épervanche*, et encor Le lis. 1574. Perrin, 50.

Epineus. — Aussi je me suis proposé des Grecz, non les *épineus* Stoiciens, mais les Platoniques Académiciens. 1554. Le Caron. *La Claire*, 7.

Epoinçonner. — 1599. Lasphrise, 121. — Cotgrave a *Espoinçonner* = Espoindre.

Eprouvelle. — J'ai de mon *éprouvelle* Tiré de sa matrice une engence moult belle. 1579. Du Monin, 15.

Equacher. — Il vous faut *équacher* l'erreur ambitieux. 1574. Perrin, ā v.

Equipollemment. — A ceste si excellente beaulté corporelle, l'habitude quant et quant et disposition d'un esprit bien ordonné, *équipollemment* respondoit. 1573. Du Preau, 374.

Erraflé. — Le subtil coutelier ... A fil, à contre-fil, rudement peu à peu, Son cousteau *erraflé* tellement il aiguise, Qu'il en couppe bien mieux. 1599. Lasphrise, 205.

Erre-nuict. — Phebé batoit sa mi-carrière Par l'Olympe estoillé sur son char *erre-nuict.* 1583. *Virgile,* 268 b.

Esblouissamment. — Je vy aux raiz des yeulx de ma Déesse Une clarté *esblouissamment* plaine Des esperitz d'Amour. 1544. *Delie,* 105.

Esbrondé. — Doncques en se peinant avec un grand rameau D'arbre tout *esbrondé.* 1578. Boyssieres, 50.

Escorchebœuf. — Ce sont jours *Escorchebœufz* nommez pour leur froidure. 1547. R. Le Blanc. *Hesiode,* 47.

Escoupetade. — Platteformer, miner, donner *escoupetades.* 1578. Boyssieres, 67 b.

Escroüé. — Fait geindre sur le marc le pressoir *escroüé.* Baïf. II, 9. — Cotgrave a Escrouë.

Esmouloir. — La seicheresse sert d'*esmouloir* à la chaleur. 1557. Pontus de Tyard, 69.

Esopean. — Et ne servent non plus à sa soif contenter, Qu'au coc *Esopean* sa perle orientale. 1574. Perrin, 6.

Esopique. — Icy convient l'*esopique* grenouille. 1574. Perrin, 4.

Espaissee. — Flame *espaissee* et brillante. 1557. P. de Tyard, 69.

Esperement. — Occasion et commodité laquelle *espérément* je souhaite. 1554. Le Caron. *La Claire,* 134.

Esponde. — Tu peux penser quellez beautez je vy Quand vers la chaste *esponde* tout ravy En un baiser je cuyday l'âme rendre. 1553. Des Autelz, C 5 b.

Espouré. — De son destin ouï la pucelle *espourée.* Baïf. II, 310.

Essencialement . Essentialement. — La masse universelle qui ne consiste point *essencialement* de ses particuliers. 1557. Pontus de Tyard, 150. — Alors que nostre entendement est ainsi fait essential, il demeure un mesme *essentialement* avec l'entendement agent. 1551. Leon Hebrieu, *trad.* Pontus de Tyard. I, 71. — Godefroy, *Suppl.*, a Essencielment.

Essuyoir. — Esponges, crocs, balais, busine, conduits à eau, *essuyoirs.* 1585. I. Papon. *Premier Notaire,* 675.

Estincelleux. — Pourquoi l'arène guerrière Hait-il du champ soleilleux, Patient de la poussière Et de l'astre *estincelleux.* 1584. *Horace . Odes,* 12.

Estroicteté. — Et leur est l'*estroicteté* nécessaire pour la profonde contemplation. 1551. Leon Hebrieu, *trad.* D. Sauvage, 45.

Esvergongner. — Je chante l'œil qui m'osta la parole, M'*ésvergongnant* de son clin gratieux. 1579. Pontus de Tyard, 15. — Cotgrave n'a que Evergongné.

Eterogene. — Les sept planettes sont sept membres et *eterogenes,* cestadire organizez. 1551, Leon Hebrieu, *trad.* P. de Tyard.

I, 145. — Parties . . . diverses, ou semblables, c'estadire homo genes, ou *eterogenes*. *Ib.*, II, 283.

Ethereen. — Hélas d'où vient qu'ainsi l'*éthéréenne* plaine De nuages tant noirs a son front revestu. 1583. *Virgile*, 163b.

Etoileux = Estoilleux. — 1583. *Virgile*, 22b.

Euthygramme. — Toute figure plate est ou de lignes droites, qu'ils nomment *euthygrammes*. 1557. Pontus de Tyard, 13.

Evaltonner (s'). — Le prince haultain du deslogement de l'ennemy, . . . commença à plus *s'évaltonner* et à se tenir moins sur ses gardes que de coustume. 1573. Du Preau, 411.

Exactionner. — Les quelles [lettres patentes] contenoient en substance que toute personne de la nation Latine . . . ne fust *exactionnee* ou contraincte de payer port. 1573. Du Preau, 276.

Exalezon. — Lors que l'*exalezon* sera d'une matiere Faite inegalement et sutile et grossiere. Baïf. II, 12.

Exangle. — Le triangle, le quadrangle, l'*exangle*. 1557. Pontus de Tyard, 13.

Excitatrice. — Le désir affectionne et aleche également toutes créatures vivantes à mutuele conjonction *excitatrice* de génération. 1554. Le Caron. *La Claire*, 59.

Excusatoire. — La familiere de soy, . . ., intercessoire, *excusatoire*, . . . sont toutes [lettres] familieres. 1583. I. Papon. *Troisieme Notaire*, 44.

Exhortateur. — Toy l'unique semeur, *exhortateur* unique De paix, de charité, et d'amour pacifique. 1578. G. Le Fevre, 134b.

Exhortatoire. — De mesme sorte sera la dissuasoire envers la suasoire, qu'a esté la deshortatoire envers l'*exhortatoire*. 1583. I. Papon. *Troisieme Notaire*, 61.

Expert-eureux. — Fernel . . . se fait voir en toute part *Expert-eureux* en sa pratique. 1555. Fontaine, nb.

Expertement. — 1535. *Le Peregrin*, 70b.

Expositeur. — Il ne faut querir autre *expositeur* ou interprète d'icelle. 1554. Le Caron. *La Claire*, 21b.

Expostulatoire. — Les [lettres closes] invectives, . . ., objurgatoires, *expostulatoires*, . . . tiennent du judiciel. 1583. I. Papon. *Troisieme Notaire*, 57.

Expromisseur. — Il y a autre terme de diverse signification: qui est nommé *expromisseur*, comme vicaire, et subrogé. 1585. I. Papon. *Premier Notaire*, 213.

Expromission. — Prattique de *expromission*. 1585. I. Papon. *Premier Notaire*, 214.

Expurgatoire. — L'accusatoire, . . ., despectoire, *expurgatoire*, . . .

sont certes lettres sérieuses et graves. 1583. I. Papon. *Troisieme Notaire*, 45.

Extemporané. — L'impourveue et *extemporanée* response de Violante ouye. 1535. *Le Peregrin*, 289.

Extemporaneement. — Ils suent, ahanent, et se peinent lors que *extemporaneement* ils pensent faire quelque discours. 1576. Belle-Forest, 585.

Extensivement. — L'amour angelique s'adresse tousjours à la divine beauté intensivement, et *extensivement*. 1551. Leon Hebrieu, *trad.* Pontus de Tyard. II, 200; *trad.* D. Sauvage, 592.

Extinguible. — Vulcan ... est *extinguible* et perissable. 1551. Leon Hebrieu, *trad.* Pontus de Tyard. I, 240. — Godefroy, *Suppl.*, a deux exemples de Paré et de 1596.

Extortionné. — Ce pauvre peuple de Jerusalem et des environs tant *extortionné* et desnué de tous biens, qu'il mourroit de faim. 1573. Du Preau, 166.

Fableux. — Nostre héros Guysien ... tesmoigne non *fableuses* Les louanges d'Hector. 1558, *dans* Montaiglon. IV, 298.

Fabricature. — La *fabricature* de leurs engins de batterie. 1573. Du Preau, 176.

Failleur. — Ha *failleur* de ta foy. 1578. Boyssieres, 50b.

Fane. — Par ce corps là, non pas corps, mais le *fane* D'une nouvelle et haute déité. 1553. Des Autelz, C 5b.

Fanneau. — *Fanneau* de biche. 1541. Macault, 4b.

Fanterie. — Tout ce qui restoit dans Antioche de l'armée Chrestienne, cavallerie et *fanterie*. 1573. Du Preau, 158.

Fardement. — Bref la perfection de la pure amitié Est en toy qui n'est point *fardement* palié. 1599. Lasphrise, 497.

Fatable. — Incommoditez ... Qui à la pasle mort trop *fatable* et senestre D'Averne vont ouvrant l'espoventable cloestre. 1578. G. Le Fevre, 181. — Vous ne pouvez fuir l'astre de la naissance, En suivant son humeur et *fatable* influence. 1578. Boyssieres, 72.

Fatigueux. — Chose au monde tant fust laborieuse ou *fatigueuse*. 1535. *Le Peregrin*, 1b.

Faulcillette. — Aguiser il fault ta *faulcillette*. 1547. R. Le Blanc. *Hesiode*, 52.

Faulsifier (se). — Ledict minium *se faulsifie* avec de la chaulx que l'on mesle parmy. 1547. Vitruve, 108b.

Femm'oiseau. — Seul contre nous chante un prodige nouveau, Et horrible à conter Celenon *femm'-oiseau*. 1583. *Virgile*, 137b.

Fendable. — De durs coings fendu Est le *fendable* bois. 1583. *Virgile*, 188b.

Férité. — Jamais Amour ne m'eust fait pourchasser Sa *férité* par l'épineuse voie. 1554. Le Caron. *La Claire*, 187.

Festable. — Que trois fois le clair jour *festable*, Et autant la nuict agréable Nous continuons loüangeux. 1584. *Horace*. *Odes*, 158.

Feu-vomissant. — Cheval qui de ses narines Souffle ... un alene *feu-vomissante*. Baïf. II, 68. — Et devers le Midy les nuës rougissantes Versèrent icy bas ondes *feu-vomissantes*. 1578. G. Le Fevre, 182.

Fideicommissairement. — Un tel, qu'il substitue *fideicommissairement* audit laigs. 1585. I. Papon. *Premier Notaire*, 667.

Fidéijussion. — Le naturel de la *fidéijussion* est sans précéder la négociation intervenir lors qu'elle se fait. 1585. I. Papon. *Premier Notaire*, 213.

Filosofiquement. — Cicéron non moins disertement, que *filosofiquement* escrit d'icelle [justice] le fondement estre la foy. 1554. Le Caron. *La Claire*, 35b.

Filozofe . Filozofer. — Pontus de Tyard, 66, 35.

Finissable. — Si Nature ha constitué quelque limite à la vue, et l'a faite *finissable* par l'estendue de quelque espace. 1557. Pontus de Tyard, 54.

Finissement. — Délivrant par ce moyen le monde de tout *finissement*. 1557. Pontus de Tyard, 111.

Finition. — La voix ... est esmeue en deux manieres ... Celle qui est continuée, ne constitue en *fintions* ny aucun lieu. 1547. Vitruve, 71.

Flagitieux. — Avoir donné ayde et consentement à chose *flagitieuse*. 1585. I. Papon. *Premier Notaire*, 133.

Flagoter. — *Flagotant* tout cela soubs le lien d'orgueil. 1574. Perrin, 62.

Flaioler. — Ma Muse ... sourdement et mollement *flaiole*. 1555. Fontaine, q 6b. — Cotgrave a Flageoler.

Flaireter. — Puis de mesme alegresse *Flairette* le chemin pour y faire retour. 1574. Perrin, 30b.

Flammant. — Si tost qu'au matin le Levant nous halene De chevaux haletans, là rougement *flammant* Va ses tardes clartez le Vépre r'allumant. 1583. *Virgile*, 41.

Flammeux. — Un long *flammeux* pelage. Baïf. II, 15. — Chevaux Aux nazeaux *flammeux*. *Ib.*, 212.

Flate-pierre. — Pincetant sa *flate-pierre* lyre. Baïf. II, 84.

Flatrie. — Si iceux Venitiens dans la ville d'Acre veulent ... avoir mesurage, aulnage, jaujage, et *flatrie*. 1573. Du Preau, 286.

Flegreux. — Voir Encendroier.

Fleurotter. — Il s'en va ... *Fleurotter* ce beau teinct à l'Aurore pareil. 1599. Lasphrise, 310. — Cotgrave a Fleureter et Fleuretter.

Flise. — Il sembloit proprement à veoir flesches et *flises* en l'air, que ce fust un oraige de grosse gresle. 1573. Du Preau, 67.

Flot-flotant. — O dieu puissant Neptun du *flot-flotant* séjour. 1579. Du Monin, 17. — Tresse . . . Vagabondant tousjours en onde *flot-flotante.* 1599. Lasphrise, 305.

Foiblettement. — Ce feint parler d'une voix enfantine, Qui me brandist d'un langage mignard, Et qui d'un son *foiblettement* jazard Tremble et bégaye au fond de ma poitrine. (1554) Tahureau. I, 58.

Fonditeur. — Oultre ceulx là en print quatre mille aultres . . . tous gens de traict: et mille *fonditeurs* et mille chevaulx. 1530. Seyssel. *Diodore,* 10.

Forçaire. — Le *forçaire* rid sur l'eau Attainct de douleur sujecte. 1599. Lasphrise, 134.

Forcluer. — Paul en *forcluant* le papier, la membrane et autre matière. 1585. I. Papon. *Premier Notaire,* 681.

Forense. — Platon, et autres anciens filosofes, . . pour plus librement rechercher les secretz de nature, s'élongnoient du trouble de la *forense* et civile compagnie. 1554. Le Caron. *La Claire,* A 5.

Forfaiteur. — La peine . . . ne laisse guière Le *forfaiteur* quite échaper. Baïf. II, 331.

Forge-vice. — Adieu joüct du vent, l'enfant de *forge-vice.* 1599. Lasphrise, 209.

Fort-sentant. — L'herbe *fort-sentant* qu'on nomme Rheupontique. 1583. *Virgile,* 81 b.

Fortial. — Le vray *Fortial* est celuy qui se dompte soy-mesme. 1551. Leon Hebrieu, *trad.* D. Sauvage, 35.

Fortitude. — C'est une espèce de pusillanimité de disputer à la mode des philosophes de *fortitude.* 1549. Macault, 139. — Aucuns nomment ceste vertu *fortitude.* 1551. Leon Hebrieu, *trad.* D. Sauvage, 35. — La *fortitude* a esté très doctement par les Stoiciens définie . . . une vertu bataillante pour équité. 1554. Le Caron. *La Claire,* 33.

Foudrené. — Sur cette gent noire Le dieu *foudrené* gaigna la victoire. Baïf. II, 212.

Foudroyemment. — C'estoit un jour que la guerre du Ciel, *Foudroyemment* élançoit son audace. 1599. Lasphrise, 36.

Foudroyeur. — Je veu, je veu de ma tempeste Ecrazer l'exécrable teste A mon Mastin vain aboyeur, Ne souffrant qu'il ait sa dent noire Monstré pour offenser ma gloire Sans sentir mon bras *foudroyeur.* Baïf. II, 221.

Foueux. — L'amas épaissi de *foueuse* vapeur S'assied en propre lieu pour se joindre à l'ardeur D'une étoile d'enhaut. Baïf. II, 25.

Foulable. — Mais une nuict nous attend tous là bas, Et de la mort la voye un coup *foulable*. 1584. *Horace* . *Odes*, 31.

Fragilement. — Puis que ainsi *fragilement* nous avons failli. 1580. I. Papon. *Second Notaire*, 386.

Fraichettement. — Ces deux chastes levrelettes *Fraichettement* rougelettes. (1554) Tahureau. I, 75.

Frais-épanché. — Le sang *frais-épanché* les armes a souillées. 1583. *Virgile*, 218b.

Frais-naissant. — Soit qu'ouvre la chaleur Maints soupiraux secrets, maintes secrettes sentes, Par où monte le suc ès herbes *frais-naissantes*. 1583. *Virgile*, 37.

Frapemain. — Quand tu verras là sus une flamme reluire, Qui s'avance une fois, l'autre fois se retire, Come font les garçons au jeu du *frapemain*, Qui se mussent la teste et la monstrent soudain. Baïf. II, 17.

Frape-rocher. — La source Du pied *frape-rocher* du cheval emplumé. 1578. Boyssieres, 1b.

Fratresque. — Il y a plusieurs autres societez *fratresques*. 1576. Belle-Forest, 751.

Fredonnément. — Quel desgoisement d'oiseau, tant *fredonnément* diminué soit il, n'avons nous vu contrefaire. 1557. Pontus de Tyard, 119.

Fredonneter. — Nulle beste depuis n'a touché cette onde argentine, Qu'en mémoire du cheval ils surnommèrent chevaline, Fors les chantres oysillons qui par le Laurierin bocage *Fredonnetans* leurs chansons dégoysent un mignot ramage. Baïf. II, 70.

Frénier. — Des roseaux unis il faut accommoder, Et de leur verde peau des droites verges muës, Des eschallas *fréniers* et des fourches cornuës. 1583. *Virgile*, 56.

Fricfric. — Le *fricfric* de sa robe Eguillonne l'Amant Entendant les ramages De mille oyseaux sauvages. 1599. Lasphrise, 237.

Frigidité. — *Frigidité* et humidité qui est bénigne. 1551. Leon Hebrieu, *trad.* Pontus de Tyard. I, 147.

Friponar. — Des postillonnans piés d'écoliers *friponars*. 1579. Du Monin, 107.

Frissonneux. — Bien que foible à peine elle [l'âme] s'asseure, Tousjours amour d'elle vainqueur demeure: Et tant ne peut la *frissonneuse* peur Comme son feu cruellement trompeur. Baïf. II, 171.

Fruicteux. — Ils voyoyent de Cercire l'isle *fruicteuse*. Baïf. II, 69.

Fruyctperd. — Homère ... ha par propre épithète appellé le Saulx *fruyctperd*. 1549. Aneau. *Emblemes d'Alciat*, 251.

Fueilleusement. — Laisse Au fond de la forét *fueilleusement* épesse Les corps méme des bœufs. 1583. *Virgile*, 88.

Fumaison. — Il sera bon de fumer le tronc de la vigne tout à l'entour, et la *fumaison* sera meilleure. 1545. A. Pierre, 61 b.

Funebreus. — Le flambeau de dueilluisante flame Me dresse un lit au tombeau *funebreus*. 1554. Le Caron. *La Claire*, 168 b.

Fuyardement. — Ayant ainsi parlé le divin harangueur, La présence mortelle il quitte à my-parolle, Et loin en l'air subtil *fuyardement* s'envole Des yeux évanouy. 1583. *Virgile*, 152 b.

Gallique. — Il fault percer le tronc de la vigne avec une tarière appellée *gallique*. 1545. A. Pierre, 47.

Gangaride. — Je feray tailler d'or et d'Eléphant solide Au portail les combats du peuple *Gangaride*. 1583. *Virgile*, 61 b.

Garde-forts — Garde-hostels — Garde-parcs. — Nul des animaux ne sert tant aux mortels, Que le chien *garde-forts*, *garde-parcs*, *garde-hostels*. 1585. Du Bartas, 537.

Garde-porte. — Lors la face il a prise De Bute l'ancien, Du Dardanois Anchise Autre fois escuyer, et *gardeporte* seur. 1583. *Virgile*, 259.

Gard'étable. — 1584. *Virgile*, 85 b.

Gard-Ourse. — Palinure .... les astres divers Tombans par le ciel coy remarque, et au front trouble L'Hyade, et le *gard-Ourse* et le Chariot double. 1583. *Virgile*, 141.

Gauchissement. — Si vous ne faictes ... un *gauchissement* à la semblance d'un genouil ployé. 1547. *Vitruve*, 119 b.

Gazanier. — Le *gazanier* ayme ung sarredouzain. 1537. A. Du Saix, B 4.

Gelboan. — David ... Du coupeau *Gelboan* déclina la roideur. 1579. Du Monin, 16.

Gemellement. — L'enfant des dieus, vetu Du vert qu'on cueilhe au mont *gémellement* pointu. 1584. Du Monin. *Uranologie*, 162.

Gémination. — Ceste *gémination* convient à l'amour amiable, et à l'amitié honneste. 1551. Leon Hebrieu, *trad.* P. de Tyard. II, 221.

Generable. — Ces trois qualitez que tu as expliquées du monde *générable* céleste et intellectuel, comme en un Microcosmos sont contenues en l'homme. 1551. Leon Hebrieu, *trad.* Pontus de Tyard. I, 162.

Generativement. — Potentialement et *générativement* en elle sont toutes les choses ensemble confuses. 1551. Leon Hebrieu, *trad.* Pontus de Tyard. I, 134.

Genieux. — L'hyver est appellé *génieux* par Virgile. 1584. *Horace. Odes*, 12.

Genisseau. — Bœufs et *génisseaux* sont ravis et chassez. 1578. G. Le Fevre, 140.

Géniteur. — Dieu souverain *géniteur* et architecte de ce monde. 1551. Leon Hebrieu, *trad.* Pontus de Tyard II, 121.

Germinatif. — Hebé est la vertu *germinative* du printemps. 1551. Leon Hebrieu, *trad.* P. de Tyard. I, 122. — Godefroy, *Suppl.*, a un exemple de Palissy.

Germiner. — Icelle matière première *germine* tous les gendres, espèces et individuz de la génération du monde inférieur. 1551. Leon Hebrieu, *trad.* P. de Tyard. I, 143.

Glace-mains — Glace-pieds. — Tout cela seroit peu si, cruelle marâtre, Elle ne produisoit .... Ce Carpase engourdy, la Ciguë estouffante, *Glace-pieds*, *glace-mains*. 1589. Du Bartas, 168.

Glacereus. — La *glacereuse* pœur plante au dos ennemi Un plumage fuiard. 1584, Du Monin. *Uranologie*, 195 b.

Glaceux. — Soit où le froid bouvier tient les *glaceuses* brides. 1579. Du Monin, 13.

Glissement. — Je demanderois volontiers, si le feu s'avivoit si *glissement* qu'il occupast toute la région élémentaire. 1557. P. de Tyard, 144.

Glisseux. — Au chemin *glisseux*, pour empescher le cours De Salie en ses pas s'opposant, il se dresse. 1583. *Virgile*, 171 b.

Glossatoire. — Deussent ... les ... interprètes de la scholastique prudence me déroler de leur bande *glossatoire*. 1554. Le Caron. *La Claire*, 19.

Gloutonnement. — Tu fais, ô Tout puissant ... que le Scorpion du sang de ses petis Soule *gloutonnement* ses cruels appétis. 1585. Du Bartas, 550.

Gluantement. — Ici pour dur ciment nuict et jour on amasse Des estangs bitumeux l'eau *gluantement* grasse. Du Bartas. *II. Sepmaine. Babylone*, 150.

Glutineux. — Elles [les mousches à miel] apportent des arbres et des fleurs larmes bien *glutineuses*. 1545. A. Pierre, 180 b. — Godefroy, *Suppl.*, a un exemple du 15e siècle.

Gnidien. — Vénus avoit au verger *Gnidien* Trié les fleurs de beauté plus exquise. 1554. Le Caron. *La Claire*, 162.

Gomorrien. — Tesmoin celuy qui vit le feu *Gomorrien*. 1574. Perrin, 62.

Gorgonien. — L'égide *Gorgonienne* Minerve pour présent eut. 1553. Des Autelz, G 7 b.

Gourmandement. — Montaigne. IV, 85.

Goytreux. — Eau de laquelle ceulx qui en boyvent, deviennent *goytreux*, c'est a dire, ont le gros gosier. 1547. *Vitruve*, 116.

Graile-rond. — Soit que les noudz des *grailes-rondes* toiles Le sangler Marse ait rompus à travers. 1584. *Horace. Odes*, 3.

Grammarienne. — De quoy nous servira il .... sinon que les Grammariens François ou (comme lors il vaudroit mieux) *Grammariennes* nous fissent autant de Grammaires que les Astrologues d'almanachs. 1551. *Replique de G.* Des Autels *aux furieuses defenses de L. Meigret*, 21.

Grammerci. — Est-ce donques ainsi Qu'à l'Eternel tu rens de son bien *grammerci.* G. Le Fevre. *Encyclie*, 270.

Grapeau. — Aux vignes le bourgeon Défourre le *grapeau* de son tendre coton. Baïf. II, 8.

Grapelette. — Ses *grapelettes* grenues Y renaistront chacun an. 1574. Perrin, 80b.

Gras'épes. — La cire *grass'épesse.* — 1583. *Virgile*, 79.

Gratulatoire. — Sous autre chef ... sont les [lettres closes] nonciatoires, ... collaudatoires, *gratulatoires.* 1583. I. Papon. *Troisieme Notaire*, 57.

Gravable. — En un tableau orin *gravable* est la sentence du divin Platon. 1554. Le Caron. *La Claire*, 33.

Greclatin. — Ma Muse aussi ne téra ce bon roy S'il est ainsi qu'elle ait dés le berceau Eteint ma soif au *greclatin* ruisseau. Baïf. II, 406.

Grepir. — Un tenancier de plusieurs fonds par luy tenus sous mesmes cens, ne peut en quitter et *grepir* un ou deux sans le tout. 1585. I. Papon. *Premier Notaire*, 126.

Griever. — Il ne vous *grievera* point d'entendre. 1555. Fontaine. y 6b.

Grieveté. — Long temps demeurèrent au lit pour la *grieveté* de leurs playes. 1554. *Amadis.* XI, 89.

Griffon. — Une extrême rage et *griffonne* avarice. 1578. Boyssieres, 9.

Grifonné. — Le voile Du Triton *grifonné*, qui amy du séjour Et du lit paresseux porte envie au beau jour. 1578. Boyssieres, 2b.

Grillonner (se). — Ma face martirée ... Au milieu des ardeurs *se grillonne* et rostit. 1578. Boyssieres, 25b.

Grincetant. — Ce mastin aboyeur de mon entière vie, *Grincetant* de ses dents escumeuses d'envie Traistrement contre moy, bava sur mon renom. Baïf. II, 111.

Grongneusement. — Un porc enflé *grongneusement ronflant.* (1555). Vauquelin de La Fresnaye, *éd.* Travers, 35.

Gros'-enflé. — Ainsi parle, et soudain plus soudain que le dire De la mer *gross'-enflée* il r'apprivoise l'ire. 1583. *Virgile*, 93b. — Aphricaine de race, ainsi que la figure Toute le témoignoit, crespe la chevelure, La lèvre *gros'-enflée*, un taint noir et haslé. 1583. *Virgile. Moretum*, 18b.

Grosselet. — Je vy dessus les choux fueillus Jouster les goutes rondelettes, Qui de l'eau tombant de là-sus, Se faisoyent déjà *grosselettes*. Baïf. II, 196.

Grynéen. — Mais la grande Italie Apollon *Grynéen*, les destins de Lycie Italie la grande or m'ont enjoint cercher. 1583. *Virgile*, 184.

Gubernatrice. — Jupiter est la vertu *gubernatrice* de corps célestes. 1551. Leon Hebrieu, *trad.* Pontus de Tyard. I, 219. — Cette vertu semble estre seule politique, et presque *gubernatrice* des actions, charges, dignitez et administrations dispersées par toutes les parties de la Chosepublique. 1554. Le Caron. *La Claire*, 36.

Guerdonneur. — O père sainct, ... Je te saluë éternel *guerdonneur* Des Preux guerriers. Baïf. II, 87. — Parmy l'ardeur qu'à jamais tu revive, ... Et que le los des beaux fait *guerdonneur*, Comme estant tien, heureusement te suive. 1597. Ollenix du Mont-Sacré. *Les Amours de Cleandre et Domiphille*, 30.

Guerrierement. — Ces choses ainsi *guerrièrement* pourvues. H. d'Avost de Laval, dans Du Verdier. IV, 217.

Guide-aesté. — Le Cancre *guide-aesté* fend après lentement De ses huit avirons l'azur du firmament. 1585, Du Bartas, 368.

Guidedance. — De mes langueurs l'indiscrette cadence Me fait tomber en ta dure prison Car me trahit le malheur *guidedance*. 1554. Le Caron. *La Claire*, 171b.

Guigneter. — En *guignetant* l'hypostase en l'urine. 1574. Perrin, 19.

Gynandre. — Nœud joly Encor témoin de l'antique *gynandre*. 1553. Des Autelz, C 6b.

Gyronner. — Flaterie, qui çà et là tant environne, *gyronne* et tourne de tous costez. 1537. A. Du Saix, A 8.

Habition. — Quant au Délectable, sa délectation ne consiste point en possession, ny en *habition*. 1551. Leon Hebrieu, *trad.* D. Sauvage, 37.

Halenation. — 1554. Le Caron. *La Claire*, 59b.

Hanseus. — L'aleine luy faillant *hanseus* il halletoit. Baïf. II, 315.

Harmonial. — Entre les personnes il se rencontre par fois une certaine similitude et *harmoniale* correspondance de l'une à l'autre complexion. 1551. Leon Hebrieu, *trad.* P. de Tyard. I, 116.

Hau-sonnant. — A quelcun la vertu rare Plaist du *hausonant* Pindare. 1553. Des Autelz, F 6b.

Hault-volant = Haut-volant. — Sur ses aisles Amour d'un

vol plein de vistesse . . . Me transporte *hault-volant* vers ma chaste Déesse. 1599. Lasphrise, 186.

Haussepied. — A la fin Jupiter s'en compassionna, Et pour son cher enfant un présent huy donna De chevaux *haussepieds*. Baïf. II, 287.

Hausse-sourci. — L'Orgueil *hausse-sourci*, géant au dos ailé. 1589. Du Bartas, 247.

Haut-cornu. — Les Alpes *haut-cornuës* D'estranges tremblemens s'esbranlerent esmeuës. 1583. *Virgile*, 46b.

Hautcourber. — Jupiter . . . sa dextre *hautcourbant* déjà desja son foudre élance. Baïf. II, 67.

Hautlouer. — A un autre qui *hautlouoit* grandement la harangue d'un orateur. 1549. Macault, 19.

Haut-niché. — J'ay pris garde, Où tous leurs apprests ont de buchettes batis Des ramiers *haut-nichez*, pour faire leurs petis. 1583. *Virgile*, 17b.

Haut-porter. — Si feit tous les premiers les trois chefs trébucher, Les testes *haut-portans* aux cornes longbranchées. 1583. *Virgile*, 94b.

Haut-volant = Hault-volant. — La gruë *haut-volante*. 1583. *Virgile*, 44.

Hayneur. — Endurer l'arrogance de leurs *hayneurs* et envieux. 1573. Du Preau, 196.

Hectoride. — Icy sera tenu l'empire par l'espace De trois cens ans entiers sous l'*Hectoride* race. 1583. *Virgile*, 96b.

Hellespontois. — Contre les oyseaux et larrons seure garde De sa faux de verd saule armé, les contregarde Priape *Hellespontois*. 1583. *Virgile*, 77b.

Heraclès. — Tant de nuicts qui nous font les *heracles* hurler. 1574. Perrin, ã 4.

Heraclien. — Le nénufar, surnommé *héraclien*. 1562. Du Pinet. *Pline*. II, 333.

Herculin. — Je suis si ennuyé que je suis ennuyeux, Mon Avril *Herculin* ne s'enflame. 1599. Lasphrise, 141.

Heroin. — Et nourrissoit l'Esculape *heroin*, A tous maux médecin. 1579. G. Le Fevre, 40b.

Heroizer. — Les Silles de Mémoire Ont *héroïzé* ta gloire. 1554. Le Caron. *La Claire*, 184b.

Hesperien. — Au clos *Hespérien* tout damassé de fleurs. 1579. Du Monin, 15.

Hieroglyphiquement. — Venus a pris son nom latin de Vinculum: pourantant qu'elle lie: et le laqs ou lien signifie l'amour *hieroglyphiquement*. G. Bouchet. *Serées*. I, 219.

Hieroglyphiquer. — Avoir plus d'appareil que de vraye apparence, Et *hiéroglyphiquer* en bisarres couleurs .... Ce sont les actions de Dames de la Cour. 1599. Lasphrise, 447.

Hocheterre. — Lors que le *hocheterre* Neptune aux cheveux pers La terre ébranlera. Baïf. II, 34.

Homager. — La Gaule au carnage impeureuse, La terre Ibère valeureuse Oient *homagères* ta voix. 1584. *Horace, Odes,* 126.

Homme-demy. — La Balance la suit, et au dard ennemy L'animal violent, l'archer *homme-demy.* 1583. *Virgile, Epigrammes,* 14b.

Hommenchef. — Doncq' serpenpied, *Hommenchef* je le nomme. 1549. Aneau. *Emblemes d'Alciat,* 22.

Homogene. — Unissant en indicible union le tout et les parties, soient diverses, ou semblables, c'estàdire *homogènes* ou étérogènes. 1551. Leon Hebrieu, *trad.* P. de Tyard. II, 283. — Godefroy, *Suppl.*, a un exemple de 1601.

Honorificence. — Le Roy ... fut en tresgrande *honorificence* receu de tout le peuple et du Clergé. 1573. Du Preau, 302.

Honteuset. — Le coral double et la jouë *honteusette* Qui teint son lys d'un pourpre tyrien. 1553. Des Autelz, C 6b.

Horoscopant. — Les astronomes ... observèrent, qu'ainsi que du point *horoscopant* (et non d'un autre) à la naissance de l'homme, l'heur ou malheur de sa vie future peut estre prévu. 1557. Pontus de Tyard, 24.

Hortatoire. — Ceste partie sert pour l'épistre *hortatoire,* et pour la déhortatoire. 1583. I. Papon. *Troisieme Notaire,* 60.

Hortensien. — L'*Hortensienne* distribution. 1535. *Le Peregrin,* 66.

Hoteau. — Le jeu lors et le ris, les libres chansonetes (Car tout est de vendange) et les gayes sornetes, Règne entre les garsons, qui aux filles meslez Emplissent les *hoteaux* de raisins grivelez. Baïf. II, 9.

Houpeau. — Alors qu'elle s'alume on la voit blueter, Et des flocons de feu dehors de soy jetter, Qui raportans autour un long flammeux pelage Tont ces *houpeaux* ardans ressembler davantage Aux femmes à long poil des barbus étalons. Baïf. II, 15.

Huitreux. — Il nous faut de l'Arcture le cours ... Autant marquer qu'à ceux, qui par l'onde venteuse En leur pays singlant vont d'Abyde l'*huitreuse* Sur les flots d'Hellespont l'estroit golfe tentant. 1583. *Virgile,* 40.

Humidefroyd. — Vénus qui devant estoit *Humidefroyde.* 1553. Des Autelz, G 7b.

Hyberne. — Et vont ainsi en la saison *hyberne,* Que le vieillard, qui chemine à trois piedz. 1547. R. Le Blanc. *Hesiode,* 49.

Hybléen. — Toute ceste contrée establit asseuré En ce seul art l'espoir de l'*Hybléenne* race. 1583. *Virgile,* 82.

Hydrien. — Les Eumenides ... te recueillant, de bave Cerbérine Et d'*Hydrien* venin, te frottent la poitrine. Baïf. II, 116.

Hypocrin. — Si à toi me présentant De la douceur *hypocrine* Mon âme eust epuisé tant Que veut la flame Cyprine. 1554. Le Caron. *La Claire*, 195 b.

Hyrtacien. — Devant tous Hippocon, *Hyrtacienne* race Vient le premier en rang. 1583. *Virgile*, 175.

Hyverneux. — D'avantage tu veux Ta flotte rembarquer durant l'Astre *hyverneux*. 1583. *Virgile*, 153.

Jangleresse. — Mais les corbeaux croassans, ny les corneilles jazeresses, Ny les criards chahuans, ny les agasses *jangleresses* Ne touchent à la belle eau. Baïf. II, 71. — Cotgrave a Jangler. Janglerie. Jangleur.

Japigeois. — Champs, qu'alentour abbreuve de ses eaux Le *Japigeois* Timave. 1583. *Virgile*, 72 b.

Javellaine. — Lances, piques, halebardes, espieux, *javellaines*, masses, et espées. 1573. Du Preau, 68.

Iconique. — Telles images estoyent dites des Grecz, *Iconiques*. 1562. Du Pinet. *Pline*. II, 597.

Idéalement. — Ce qui n'est qu'un indivisible, en l'intellect divin, se multiplie *idéalement*, envers les parties causées, du monde. 1551. Leon Hebrieu, *trad.* P. de Tyard. II, 322.

Idien. — Il m'est avis que j'ay à mes oreilles Tout le tintin des *Idiens* dactyles. 1553. Des Autelz, D 7 b.

Jette-pois. — Le résineus larix, le sapin *jette-pois*. 1579. Du Monin, 15.

Jette-rais. — Vous êtes des lambris *jette-rais* envoiées. 1579. Du Monin, 20.

Jeune-antique. — Son *jeune-antique* ami Sauvage. 1555. Fontaine, h 6.

Jeun'ardent. — Quand Des Autelz ces rimes écrivoit ... Et *jeun'ardent* les Vierges emplumées Parmy les boys Castaliens suyvoit. 1553. Des Autelz, D 7 b.

Illirien. — Dontant Sous tes braves efforts la coste *Illirienne*. 1583. *Virgile*, 28.

Illusif. — L'espoir trompeur n'est qu'un *illusif* songe. 1554. Le Caron. *La Claire*, 188 b.

Imaginairement. — Ceus, qui eslevez au ciel, ont sceu remarquer autant qu'à l'oeil (bien qu'*imaginairement*) ces petites lignes circulaires, qu'ils nomment Epicicles. 1557. Pontus de Tyard, 31.

Imbelliqueux. — Tu demanderas en quoi, *Imbelliqueux* capitaine Et peu ferme qui me voi, Je t'aiderai de ma peine. 1584. *Horace, Odes*, 129.

Immemorable. — Les nobles et *immémorables* actes très dignes de mémoire que vous avez faictes en la guerre. 1558, *dans Montaiglon.* IV, 315.

Immemoratif. — Le Roy de France *immémoratif* des biensfaicts qu'il avoit receu de lûy. 1573. Du Preau, 409.

Immesurable. — Ceste telle congnoissance cause en nous *immesurable* amour. 1551. Leon Hebrieu, *trad.* D. Sauvage, 59. — Je conclud donq, qu'elle [l'infinité] est inséparable, indivisible, et *immesurable*, sans terme, et sans fin. 1551. Leon Hebrieu, *trad.* P. de Tyard. II, 180. — Vu leur profondeur et espesseur *immesurable.* 1557. Pontus de Tyard, 53.

Immethodable. — Je ne veus dire le droit estre *imméthodable* et incompréhensible en forme d'art. 1554. Le Caron. *La Claire*, 40.

Immuer. — Il estoit deffendu entre les Spartains de *immuer* aucune chose des loix anciennes. 1549. Macault, 143.

Immutation. — Sans inversion et *immutation.* 1585. I. Papon. *Premier Notaire*, B 4.

Impacientement. — Je m'en retournay d'illec bien courroucé et bien *impacientement* portant ma douleur. 1539. *Therence*, 5 d.

Impaireté. — L'*impaireté* du nombre est aggréable à Dieu. 1583 *Virgile*, 30.

Impaisible. — Les Génaunes rusez, Gent *impaisible.* 1584. *Horace, Odes*, 124.

Impareil. — Mais une horreur bien *impareille* Travaille les songes humains. 1578. G. Le Fevre, 94 b. — Le poignant freslon S'y entremesle armé d'*impareil* aguillon. 1583. *Virgile*, 81.

Imparesseux. — Quel presque l'Austre sur le Tibre Exerce les flots indomtez, ... Tel *imparesseux* s'eslanceant Vexer les ennemies bandes. 1584. *Horace, Odes*, 125.

Impassiblement. — Les gens de bien .... sont amis et aymez de Dieu, qui éternellement, et *impassiblement* ayme. 1551. Leon Hebrieu, *trad.* P. de Tyard. II, 89.

Impassionnable. — Plus grande est la délectation des intellectuelz (bien qu'ilz soient *impassionnables*) que celles des corporelz. 1551. Leon Hebrieu, *trad.* P. de Tyard. II, 401.

Impedition. — Toutes les fallaces et cautelles inventées pour l'*impédition* du mariaige ont esté monstrées. 1539. *Therence*, 41.

Im-permis. — Jurons toutz sur ces parolles: Que, quand s'eslevant du creux gour Les pierres sur-nageront molles, *Im-permis* ne soit le retour. 1584. *Horace, Odes*, 152.

Impetige. — Commençans donc aux *Impetiges*, et au mal saint Main, qui sont maladies fort vilaines et deshonnestes. 1562. Du Pinet. *Pline.* II, 331.

Impeureus. — Teucre le Salaminien Te presse *impeureus* poursuivant. 1584. *Horace, Odes*, 20. — Voir Homager.

Impitie. — L'avarice de laquelle toute *impitie* procède. 1535. *Le Peregrin*, 232. — Disoit David: Mon Dieu, j'ay dit que je confesseray contre moy mon injustice, et tu m'as remis l'*impitie* de mon péché. 1545. [I. Bouchet.] *Les Triumphes de la noble et amoureuse Dame*, 205 b.

Implorable. — Mais un desdain de rigueur *implorable* A rejetté l'offrande de mon cœur. 1544. Le Caron. *La Claire*, 170 b. — Rare beauté! he! bon Dieu que n'es-tu Courtoise autant que du tout *implorable*? 1597. Ollenix du Mont-Sacré. *Les Amours de Cleandre et Domiphille*, 361 b.

Impolution. — Nos estocqs .... n'out jamais tué ni blessé, Dieu mercy, Leurs *impolutions* nous seront favorables. 1599. Lasphrise, 650.

Imprimable. — Sur son patron, je conseille à celui Qui veult avoir la vogue à bien escrire enhui: De faire le pareil en un euvre *imprimable*. 1583. *Horace, Satyres paraphrasees*, 191.

Improportionnable. — Ce sage Prophète nous monstre l'infinie excellence du Créateur, *improportionnable* avec les creatures. 1551. Leon Hebrieu, *trad.* P. de Tyard. II, 185.

Improportionné. — Les corps *improportionnez* (c'estàdire desquels la proportion est mauvaise et indécente). 1551. Leon Hebrieu, *trad.* P. de Tyard. II, 281.

Improportionnément. — Pour la différence des natures, ou complexions contraires et *improportionnément* différentes, l'on verra deux hommes ... se entrehaïr extremement. 1551. Leon Hebrieu, P. de Tyard, I, 117.

Improspere. — Qu'elle est amère et qu'elle est douce aussi, Tantost heureuse, et tantost *improspere*. 1579. Pontoux, 26.

Improvistement. — Et sortant du sépulchre obscur, où elle estoit, Tout *improvistement*. 1578. Boyssières, 57.

Improuvable. — Il est *improuvable* que le droit naturel puisse convenir aus animaus irraisonnables. 1554. Le Caron. *La Claire*, 62 b.

Imprudentement. — Et tantost ceste seur que j'ay dit devant, acourt à la flambe assez *imprudentement* et en grant péril. 1539. *Therence*, 5 d.

Impugnable. — Ma foi, ma foi à ton honneur semblable Vrai diamant d'asseurance *impugnable*. 1554. Le Caron. *La Claire*, 163.

Inapointable. — Plusieurs contraires et *inapointables* opinions. 1557. Pontus de Tyard, 95.

Inapointablement. — Je say (reprint le Curieus) que le mouvement de la huitième sphère ha embesongné les astronomes assez *inapointablement*. 1557. Pontus de Tyard, 18.

Incitatif. — Au monde inférieur ... avec l'effect encor la capabilité défault: lequel défault est entière, et absolue privation, ou vraye imperfection, et défectuosité: non pas congnoissance *incitative*, et productive d'Amour. 1551. Leon Hebrieu, *trad.* P. de Tyard. II, 189.

Incompagnable. — Désaprivoisé de toute gracieuse civilité, [je] m'assauvageois en l'*incompagnable* solitude des lieus champestres et désertz. 1554. Le Caron. *La Claire*, 1.

Inconcilleux. — Passer vous fault (des) lieux fort *inconcilleux*. 1544, *dans Montaiglon.* II, 166.

Inconculté. — O *inconcultée* navreure d'amour. 1535. *Le Peregrin*, 3b.

Inconseillement. — *Inconseillement* meurent désespérez. 1535. Le Peregrin, 142b.

Inconvincible. — Arriva Grâce divine armée de pied en chief des armes de puissance *inconvincible.* 1545 [I. Bouchet]. *Les Triumphes de la noble . . . Dame*, 293b.

Incorrigiblement. — Ceus qui sont honorez de plus approuvée autorité, s'esgarent *incorrigiblement* en leurs discours. 1557. P. de Tyard, 22.

Incorrompu. — Le Ciel auquel est arrestée l'*incorrompue* stabilité, suivante les corps générables du monde inférieur. 1551. Leon Hebrieu, *trad.* P. de Tyard. I, 208.

Increpatoire. — L'accusatoire, ..., objurgatoire, *incrépatoire*, sont certes [lettres] graves et sérieuses. 1583. I. Papon. *Troisieme Notaire*, 45.

Incriminel. — Si les oreilles des envieus et maldisans de vostre sexe estoient frappées de voz divinement emmiellées raisons, ilz se rendroient . . . à la douce sentence de vostre *incriminelle* merci. 1554. Le Caron. *La Claire*, 12b.

Incurvation. — L'arbre forcé par *incurvation* résiste de grand'-puissance. 1585. I. Papon. *Premier Notaire*, B 2b.

Indagation. — Le prudent . . . ne s'estudie qu'en la recherche et *indagation* de vérité. 1554. Le Caron. *La Claire*, 32b. — Cotgrave a Indagateur.

Indeleblement. — Si ta . . . beauté ne me fust entrée par les yeux, elle . . . n'auroit esté tant *indeleblement* gravée en mon âme. 1551. Leon Hebrieu, *trad.* P. de Tyard. II, 3.

Indepetrable. — Là celuy grand labeur de l'aveugle séjour, *Indepétrable* erreur. 1583. Virgile, 184b.

Indissolution. — L'amour [divin] qui premièrement ha produit [le monde], par son *indissolution*, tousjours produisant le conserve. 1551. Leon Hebrieu, *trad.* P. de Tyard. II, 378.

?Indissolvable. — La vraye amitié humaine est . . . liée par l'estroit lien de Vertu. Lien, certes *indissolvable.* 1551. Leon

Hebrieu, *trad.* P. de Tyard. I, 47. — Dans les „Faultes trouvées après l'impression", on lit „Page 47 ligne 7. indissoluable, lisez indissoluble".

Indissoult. — Heureux trois fois ceux, et plus, Qu'un nœud *indissoult* englue. 1584. *Horace, Odes,* 18.

Individuation. — La réciproque vertu . . . de tous le deux amis . . . oste la diversité des personnes, jusques à ne leur laisser de divers que l'*individuation* corporelle. 1551. Leon Hebrieu, *trad.* D. Sauvage, 55.

Indivisé. — Demogorgon père créateur des choses lesquelles estoient en l'universelle matière au paravant *indivisées* et non separées. 1551. Leon Hebrieu, *trad.* P. de Tyard. I, 198.

Indois . Indoys. — L'*Indois* yvoire en deux boules poly. 1553. Des Autelz, C 6b. — Le seul païs *Indois* porte l'ébène noir. 1583. *Virgile,* 50b.

Inébauchable. — Bien que l'humain esprit porte sur son visage De l'Esprit infini l'*inébauchable* image. 1584. Du Monin. *Uranologie,* 30b.

Infauchable. — J'ai au ciel engravé d'un singulier cyzeau Du bruit luisant la mémoire *infauchable.* 1554. Le Caron. *La Claire,* 190.

Infertilement. — Si surabondant l'infertile fueillage Fait *infertilement* surabonder l'ombrage, L'aire en vain brisera la paille grasse en vain. 1583. *Virgile,* 39b.

Influccion. — L'inconstance des choses mondeines, qui reçoivent l'*influccion* continuelle de ce ciel estoilé. 1557. P. de Tyard, 18.

Infoliation. — Arbres . . . . lesquels sont les meilleurs, ou les entés, ou ceulx qui sont entés par *infoliation.* 1545. A. Pierra, 107b. — Cotgrave a Infoliature.

Infortunable. — Cellui doit estre réputé beste brute et stupide, ou dieu *infortunable,* qui se sépare de la compagnie humaine. 1554. Le Caron. *La Claire,* 25.

Ingenerable. — Et disons encor, que, combien que le Ciel, et la première matière, soient naturellement *ingénérables* et incorruptibles. 1551. Leon Hebrieu, *trad.* P. de Tyard. II, 127.

In-guerrier. — Or que la honte de mon front Et de mon *inguerrier* ivoire. 1584. *Horace, Odes,* 10.

Injonctoire. — L'accusatoire, . . ., dehortatoire, *injonctoire,* sont certes [lettres] graves et sérieuses. 1583. I. Papon. *Troisieme Notaire,* 45.

Innascibilité. — Et deux autres propriétez y sont adjoustées, c'est *innascibilité* et commune spiration. 1531. *Le premier volume de* Vincent *Miroir hystorial,* 10b.

Innuer. — Voulant *innuer* que les vaillans hommes n'ont nul besoing de murailles. 1549. Macault, 59.

Inondaison. — Lors que du costé du félon Boré gronde Le tonnerre esclairant, et tonne la maison Et d'Eure et de Zéphir, l'espaise *inondaison* Tombant pleins les fossez met tous les champs à nage. 1583. *Virgile,* 44.

Inorable. — Je sens déjà ... de mon corpz la force s'offenser Pour s'addresser à l'*inorable* Parque Qui guette hélas le lieu pour me blesser. 1554. Le Caron. *La Claire,* 185 b.

Inordonnément. — Platon l'ha prinse de luy [Moyse], qui l'ha amplifié et orné à la façon de l'éloquence Grecque, entremeslant en cecy *inordonnément* les choses Hébraïques. 1551. Leon Hebrieu, *trad.* P. de Tyard. II, 226.

Inprospere = Improspere. — Je ne veus le laurier aus Apollins donné .... Mais le chappeau propice à ma misère, Du branchu romarin propre au Saturnien, Pour déjaunir ma langueur *inprospère.* 1554. Le Caron. *La Claire,* 190.

Inquietitude. — La nuyt m'estoit de ... grande *inquiétitude.* 1535. Le Peregrin, 3.

Insacieté. — Mensonge, *insaciété* et appétit désordonné. 1545 [I. Bouchet] *Les Triumphes de la noble ... Dame,* 311.

Insepareement. — Les traictés des servitudes, des fruicts, partages, divisions sont conjoincts *inséparéement* avec l'agriculture. 1545. A. Pierre, ã 3.

Insidier. — Amour ... me *insidia* et lya. 1535. *Le Peregrin,* 1 b.

In-souvenant. — Le chasserot dessoulz l'ouverte face Du froid Juppin, par l'hyverneuse glace *In-souvenant* de sa tendre moitié, Demeure coi. 1584. *Horace, Odes,* 3.

Instantement. — Le faulx serviteur ... M'a désisté aucunement De me advertir *instantement* De dire sans me varier Que bien me voulois marier. 1539. *Therence,* 47 a.

Instrumentaire. — Le troisiéme [ordre des parties] sera des corps mesmes composés de diverses parties *instrumentaires.* 1558. Rondelet, I, 19.

Insupportablement. — Misérable vivre de ceus qui travaillez *insupportablement.* 1557. Pontus de Tyard, 106. — Godefroy, *Supp.*, a un exemple du XVe siècle.

Intellection. — Les choses sensibles lesquelles, ayant besoing de l'Intellect, pour l'opération de l'*Intellection.* 1551. Leon Hebrieu, *trad.* D. Sauvage, 70.

Intellectuellement. — Substance, à laquelle Dieu donne *intellectuellement* forme, et non point corporellement. 1551. Leon Hebrieu, *trad.* P. de Tyard. II, 137. — Godefroy, *Suppl.*, a un exemple de Montaigne.

Intentif. — Dequoy je t'ay voulu advertir, à fin que .... plus curieusement tu sois *intentif* à congnoitre, que son labeur [du traducteur] n'est de petit mérite. 1551. Leon Hebrieu, *trad.* P. de Tyard. I, A. 2.

Intentivemet. — L'âme aspire . . . *intentivement* au spirituel. 1551. Leon Hebrieu, *trad.* P. de Tyard. II, 42.

Intercessoire. — La familière de soy, . . . ironique, *intercessoire,* sont toutes [lettres] familières. 1583. I. Papon. *Troisieme Notaire,* 44.

Interlune. — L'*interlune* estoit près. 1557. Pontus de Tyard, 35. — Cotgrave a Interlunaire.

Interposite. — L'expresse renonciation . . . . se peut faire . . . . par *interposites* personnes. 1585. I. Papon. *Premier Notaire,* 139.

Interrogatoire. — La familière de soy, . . ., laudatoire, *interrogatoire,* . . . sont toutes [lettres] familières. 1583. I. Papon. *Troisieme Notaire,* 44.

Interrupt. — Ung *interrupt* et fugitif sommeil. 1535. *Le Peregrin,* 325 b.

Introductivement. — XVIII scène là où . . . Glicère *introductivement* parle à sa chamberière Misis. 1539. *Therence,* 49 d.

Intromettre. — Les hostes qu'ils avoient *intromis* en leur ville. 1573. Du Preau, 76.

Intromise. — Adition, acceptation, et *intromise* actuelle. 1585. I. Papon. *Premier Notaire,* 483.

Invacillant. — Ciel décoré des étoilles en leur immuable distance et ferme mouvement *invacillantes.* 1554. Le Caron. *La Claire,* 1 b.

Invertir. — Le solstice d'esté . . . fait . . . *invertir* et changer [la feuille] de l'orme, du faux blanc, du peuple, olive et tillet. 1585. I. Papon. *Premier Notaire,* B 4.

Jocunde. — Matière non moins *jocunde* que difficille et ardue. 1535. *Le Peregrin,* 1 b.

Jointis. — De son cors douillet la *jointisse* vesture Il dépouille et met bas sur la molle verdure. Baïf. II, 193.

Joncherie. — Je n'ay pas les espris si lours Ne tant retournez à rebours Que n'entende la *joncherie.* 1539. *Therence,* 33 a.

Jovien. — Mais ta muse l'ornement De la *Jovienne* race, S'envole plus clairement Sus la plume de ta grâce. 1554. Le Caron. *La Claire,* 194 b.

Irable. — Et est ainsi comme une force qui est séparée des autres trois forces, c'est de force raisonnable, convoitable et *irable.* 1531. *Le premier volume de* Vincent *Miroir hystorial,* 21 a.

Irrefusable. — Soumettant à la sentence de tout gentil, sincère et gracieus lecteur mon opinion (j'enten si par vostre *irrefusable* commandement je publie mes inventions). 1554. Le Caron. *La Claire,* 70 b.

Irretors. — Ce seul guerrier, Qui vivant roi de soimesme, Ferme, d'un œil *irretors*, Regarde les grandz thresors. 1584. *Horace, Odes*, 42.

Irritatoire. — L'accusatoire, . . ., expurgatoire, *irritatoire*, . . . sont certes [lettres] graves et sérieuses. 1583. I. Papon. *Troisieme Notaire*, 45.

Isaride. — Je vy l'honneur des nymphes *Isarides*. 1553. Des Autelz, A 2b.

Isarien. — Jusques au fleuve Ganges, y a les *Isariens*, Cosyriens, Izoïens, et les Chisiotages, qui habitent les montagnes. 1562. Du Pinet. *Pline*. I, 216.

Judicial. — Le Sauveur du monde . . ., le throsne *judicial* duquel nous pauvres misérables. . . ., non sans cause grandement redoubtons. 1573. Du Preau, ẽ 3b. — Cotgrave a Iudiciel.

Jugurthin. — Io triomphe entoné, Ni le duc ceinct de l'hierre As-tu pareil ramené De la *Jugurthine* guerre. 1584. *Horace, Odes*, 143.

Jurisdictionnellement. — Séquestrer, qui est mettre hors de l'actuelle possession des contendans une chose litigieuse, et en saisir un tiers *jurisdictionnellement*. 1585. I. Papon. *Premier Notaire*, 35.

Juste-chaste. — Le Cancre ardant de flamme, Le chaleureux Lion, la *juste-chaste* dame. 1583. *Virgile. Epigrammes*, 14b.

Laboure-champs. — Une fleur naist és prez, que les *laboure-champs* ont Amelle nommée, herbe aisée aux cherchants. 1583. *Virgile*, 81 b.

Laboure-village. — Le povre *laboure-village* te brigue. 1588. *Horace, Odes*, 20b.

Lachrimeusement. — La lettre escripte *lachrimeusement* est présentée à Violante. 1535. *Le Perregrin*, 8.

Lacrimer. — En *lacrimant* je crioye. 1535. *Le Peregrin*, 3.

Lacryme. — Parolles de chauldes *lacrymes* et profons souspirs acompaignées. 1535. *Le Peregrin*, 5.

Ladrie. — C'est un ladre, Mornac, c'est la mesme *ladrie*. 1599. Lasphrise, 571.

Laenitique. — Il y en a qui appellent ce goulfe, Ælenatique. Artemidorus le nomme Alenitique: et Juba, *Laenitique*. 1562. Du Pinet. *Pline*. I, 237.

Lageen. — Le [vignoble] *Lagéen* qui doit faire un jour varier Subtil les piés douteux, et la langue lier. 1583. *Virgile*, 50.

Laidure. — Amour . . . est milieu entre la beauté et la *laidure*. 1551. Leon Hebrieu, *trad.* P. de Tyard. II, 114.

Lainu. — Les *lainus* floccons légers Ne sont portez Parmy l'air voltigeans. 1583. *Virgile*, 44b.

Laire. — O vous les populaires Des dieux supérieurs, Faunes, Satyres, *Laires*, Race des demi-dieux. Baïf. II, 111.

Laité. — Donques nous penserons la ceinture *Laitée* Au cors Etherien d'ailleurs estre ajoutée. Baïf. II, 30.

Lamentatif. — O bon Jésus j'ay faict préparatif Vous recevoir comme ordonne l'Eglise Soubz ceste espèce en cueur *lamentatif*. 1545. [I. Bouchet] *Les Triumphes de la noble et amoureuse Dame*, 370 b.

Lamentatoire. — L'accusatoire, ..., nonciatoire, *lamentatoire*, ... sont certes [lettres] graves et sérieuses. 1583. I. Papon. *Troisieme Notaire*, 45.

Lamenteur. — Si tu n'es flateur ou menteur, La vérité sçaches bien taire. Ne déplay ne pouvant complaire: Sois ou menteur ou *lamenteur*. Baïf. II, 437.

Lampigeant. — Appaisez donc ma civile discorde Yeux *lampigeans*. 1553. Des Autelz, C 8 b.

Lance-esclairs. — Ce grand dieu *lance-esclairs* entendit ma requeste. 1599. Lasphrise, 121.

Lance-foudre. — Pour brescher le canon *lance-foudre* Réduit ce qu'il rencontre en pièces et en poudre. 1578. Boyssieres, 64 b.

Laomedonteen. — Nous avons long temps a les parjures de Troye *Laomédontéenne* au prix de nostre sang Suffisamment payez. 1583. *Virgile*, 47.

Larciner. — Les Scythes .... punissoient cellui d'extreme supplice, qui avoit quelque chose de son voisin pillé et *larciné*. 1554. Le Caron. *La Claire*, 57.

Largefront. — D'avoir dérobé on le vante Des beufz *largefrons* bien cinquante. 1553. Des Autelz, I 3.

Larg'-étaller. — La douce Parthénope élevoit moy Virgile ... qui ... T'ay, Tytire, chanté dessous la couverture D'un fau *larg'-étallant* sa verde chevelure. 1583. *Virgile*, 88 b.

Larg'ombreux. — Que la palme à l'entrée espanche un frais ombrage. Et le chef *larg'ombreux* de l'olivier sauvage. 1583. *Virgile*, 75 b.

Larg'-ouvert. — Sans plus elle parla, Et pointe de fureur roidement se coula Dans l'antre *larg'-ouvert*. 1583. *Virgile*, 190.

Larmoieux. — A plusieurz bonz ton cher Quintile, Et à nul plus qu'à toi, Virgile, Est certe tombé *larmoieux*. 1584. *Horace, Odes*, 27.

Lascivieusement. — Obstination Telle et si grant, que si telle action Ne peuent plus par vieillesse commettre Ce nonobstant les verrez entremettre De deviser *lascivieusement*. 1545. [I. Bouchet] *Les Triumphes de la noble, et amoureuse Dame*, 303 b.

Lasphrisien. — Chose estrange à penser, et plus estrange à croire!

L'honneur *Lasphrisien* est maintenant sans gloire, Et veuf du sainct Moly sa Muse est au tombeau. 1599. Lasphrise, 120.

Latemment. — Si toutes [les formes et essences] n'estoient en [l'entendement passible] par possibilité ou *latemment,* il ne pourroit recevoir et entendre aucune d'icelles en acte, et par résidente intelligence. 1551. Leon Hebrieu, *trad.* P. de Tyard. II, 297.

Latial. — Errants par divers cas et par tant de dangers Au pays *Latial* nous tendons estrangers, Où monstrent les destins une demeure coye. 1583. *Virgile,* 95.

Laudatoire. — La familière de soy, . . ., mandatoire, *laudatoire,* . . ., sont toutes [lettres] familières. 1583. I. Papon. *Troisieme Notaire,* 44.

Laurierin. — Nulle beste depuis n'a touché cette onde argentine, ... Fors les chantres oysillons qui par le *Laurierin* bocage Fredonnetans leurs chansons dégoysent un mignot ramage. Baïf. II, 71.

Lavinois. — Et les armes je chante, et l'homme, qui de toute La coste d'Ilion tint la première route Par destin vagabond en Italie aux bords Du pays *Lavinois.* 1583. *Virgile,* 90b.

Leger-fuyant. — Par contrainte chassée, elle tire en arrière De son arc retourné les *légers-fuyants* traits. 1583. *Virgile,* 300b.

Legifere. — Les anciens grecz apprellèrent Isis *Legifère.* 1541. Macault, 8b.

Leneen. — Maintenant ton ouvrage, Bacche, je chanteray . . . . *Lenéen* pere, icy (car des dons de ta grâce Icy tout est remply. 1583. *Virgile,* 47b.

Leocrocute. — La *Léocrocute* est un animal fort léger, de la grosseur d'un asne sauvage. 1562. Du Pinet. *Pline.* I, 307.

Letheal. — Serai-je tant yvré de l'unde *lethealle.* 1579. Du Monin, 18. — Cotgrave a Lethean.

Libidinité. — Parlons après de *libidinité* Dicte luxure ou bien lubricité. 1545 [I. Bouchet] *Les Triumphes de la noble . . . Dame,* 301.

Licinien. — Ceux de la maison *Licinienne* furent appellez Stolons. 1562. Du Pinet. *Pline.* I, 627.

Lierrin. — Ce roy triompheur Ores ores commande Que d'un dévot cœur La raillarde bande Son chantre guerdonne . . . De *lierrine* couronne. Baïf. II, 212.

Ligaunien. — Au dessus est la contrée des Oxubiens, et *Ligauniens.* 1562. Du Pinet. *Pline.* I, 111.

Ligurien. — Turin , . . anciennement fut fondé par les *Liguriens,* et Genevois. 1562. Du Pinet. *Pline.* I, 130.

Lincean. — Les lamies errant's par les plaines fertiles Ont des yeux *Linceans* pour voir ce qui s'y faict. 1574. Perrin. 21b.

Liquidement. — A l'entour de ce lieu si superbement clos Battoient *liquidement* cent et cent petits flots. 1578. Boyssieres, 52b.

Literalement. — Les ordinaires commentateurs se travaillent à accorder *litéralement* ce texte. 1551. Leon Hebrieu, *trad.* P. de Tyard. II, 230.

Litigateur. — Les *litigateurs* sont appointez à déduire leurs raisons et moiens pour sur iceus oir tel droit, que par la sentence du Juge leur sera ordonné. 1551. Le Caron. *La Claire*, 38.

Loche-tout. — En ton cœur *loche-tout* git des tiens le repos. 1579. Du Monin, 92.

Lointirant. — D'avoir dérobé on le vante Des beufz largefrons bien cinquante A l'archer Phébus *lointirant.* 1553. Des Autelz, I 3.

Loispubliant. — L'intention des *loispubliantz* a esté non de constituer un droit injuste, ains conforme à justice. 1554. Le Caron. *La Claire*, 37 b.

Long'-agé. — Si auras pour ta part De signes entaillée en présent une tasse D'Anchise *long'-âgé.* 1583. *Virgile*, 76.

Long-branché. — Si feit tous les trois chefs trébucher Les testes haut-portants aux cornes *long-branchées.* 1583. *Virgile*, 94b.

Long-vivant. — D'un sanglier porte-soye, humble Mycon t'apend La hure et le cimier, qui en rameaux s'épand, D'un vieux cerf *long-vivant.* 1583. *Virgile*, 26b.

Lothophagite. — L'isle de Myrmex que Eratosthènes appelle *Lothophagite.* 1562. Du Pinet. I, 175.

Lotophage. — Les *Lothophages*, qu'aucuns appellent Alachroens, tiennent toute la plage. 1562. Du Pinet. *Pline.* I, 172.

Lourdasse. — La froidure étreignante, indiscrète et *lourdasse*, Les cors plus diférans pesle-mesle ramasse. Baïf. II, 11.

Loyal-veillant. — Ma Muse extolle . . . Ce françois, vertueusement *Loyal-veillant* en sa recepte. 1555. Fontaine, y 4b.

Lubien. — Sur les lisières d'Albanie , . . habitent premièrement les Sylviens, et après eux les *Lubiens.* 1562. Du Pinet. *Pline.* I, 208.

Lucain. — Les *Lucains* . . . tenoyent la contrée où est maintenant Atino. 1562. Du Pinet. *Pline.* I, 125.

Luciabeliste. — Vestemens superfluz et dissoluz, et, si j'ose dire, *luciabelistes.* 1552, dans *Montaiglon.* II, 152.

Lucidité. — Une chose claire et simple ne peult s'imprimer en autre moins claire qu'elle, sinon multipliant son éminente *lucidité* en diverses moins claires lumières. 1551. Leon Hebrieu, *trad.* P. de Tyard. II, 157. — Godefroy, *Suppl.*, a un exemple de 1579.

Luculemment. — [Du Bartas] le déclare *luculemment* par l'exemple des quatre Elémens au corps humain. 1585. Thevenin, *dans* Du Bartas, 124.

Luisance. — Aussi bien je ne sçaurois plus voir L'alme subject qui te donna *luisance.* 1597. Ollenix du Mont-Sacré. *Les Amours de Cléandre et Domiphille,* 95b.

Lybiphenicie. — S'ensuyt par-après une autre partie d'Affrique, dicte *Lybiphenicie,* ou Mezrata, à cause de la terre de Byzatia, qui s'appelle *Lybïphenicie.* 1562. Du Pinet. *Pline.* I, 171.

Lycaonide. — La Pléiade à sept feux, la troupe Dodonide Et aux yeux *éclairans* l'Ourse *Lychäonide.* 1583. *Virgile,* 38b.

Lyriquement. — O Roys, ... faites que par tout l'univers si possible est, la Galliade, non plus l'Iliade soit désormais *lyriquement* chantée. 1555. Billon, 224b.

Machineur. — Soit égallement D'ennuis aggravanté, quiconque ma simplesse D'un *machineur* engin époint faussement blesse. Baïf. II, 127.

Machineus. — Inventeur *màchineus.* 1571. La Porte. *Epithetes,* 137b.

Magencien. — Jambon *Magencien.* 1571. La Porte. *Epithetes,* 131b.

Magnanime-fort. — O princes *magnanime-forts.* 1557. Fontaine. *Odes, Enigmes,* 11.

Mahumetain. — Impiété *mahumetaine.* 1571. La Porte. *Epithetes,* 135b.

Maigrelin. — Par sur tout je veux Que son corps ne soit point tortu ni montagneux, ... Je ne le veux mignard, *maigrelin* ni menu. 1599. Lasphrise, 307.

Maigresse. — Hélas! qu'en mauvais point et de fait de *maigresse* J'ay un pauvre taureau dans un gras champ de vesse. 1583. *Virgile,* 18b.

Maindelache. — De cette raison n'ensuit que la *maindelache* ne doive estre au droit des gens attribuée. 1554. Le Caron. *La Claire,* 76b.

Maistroyer. — Saches que tost t'auroient *maistroyé* et destruict. 1543. *La premiere partie du Grand Olympe des Histoires poetiques,* 18.

Mal caut. — Moy, *mal caut,* qui ayme obstinément. 1553. Des Autelz, B 5b. — Un poëte ... doit bien tost estre né Qui traitrement espoint de ta langue *mal caute* Encontre son honneur par ton énorme faute, Son courroux enflera contre toy rigoureux. Baïf. II, 119.

Mal-coloré. — Juifs *mal colorés.* 1571. La Porte. *Epithetes,* 141.

Malcondicionné. — Entre les *malcondicionnéz,* une trop grande douceur est dnmmageable à la communité. 1549. Macault, 166.

Mal consonant. — Voilà en quelle sorte les ... philosophes discourent de la félicité et seroit chose longue et *mal consonante* à nostre propoz, de raconter ce qu'ilz allèguent et contre et pour ces opinions. 1551. Leon Hebrieu, *trad.* P. de Tyard. I, 71.

Mal convenant. — Belle fleur .... Gardée en lieu *mal convenant.* 1553. Des Autelz, C 2.

Mal-croyant. — Sois-tu, comme jadis le trop chaste Théside Entre ses fiers chevaux *mal-croyans* à sa bride, Des traits l'enveloppans pelle-melle tiré. Baïf. II, 124.

Mal-duisant. — A les voir à ces jeux *mal-duisans.* Baïf. II, 388.

Malevolence. — Jupiter ... estant enfant ... fut caché de la *malévolence* de Saturne son père. 1551. Leon Hebrieu, *trad.* P. de Tyard. I, 215.

Mal expert. — Ce camp si plein de craincte, Tant *mal expert* aux assaultz et alarmes. — 1545. H. Salel. *Iliade,* 279.

Mal-fameux. — A gauche ils avoyent laissé la grande et la Syrte petite *Mal-fameuse* de périls, que la sage pilote évite. Baïf. II, 69.

Mal-fortuné. — Une povre et *mal-fortunée* princesse. 1553. Taillement. *Champs faez,* 255.

Malleteus. — Paquet *malleteus.* 1571. La Porte. *Epithetes,* 191b.

Malmettre. — Le porc ... plusieurs limiers *malmist,* tua et pourfendit. 1543. *La seconde partie du Grand Olympe des Histoires poetiques,* 41b.

Mal-net. — Les races des femmes qui sont De ces quatre leur naissance ont: Ou de la chiene ou de l'avéte, Ou de la porque orde et *mal-néte,* Ou de la cavale au beau crin. Baïf. II, 445.

Mal-rebelle. — Et des mols bras de la belle, Ou de son doigt *mal-rebelle* Le gage emblé pour tesmoing. 1584. *Horace, Odes,* 13.

Mal-roigné. — Un *mal-roigné* ongle. 1588. *Horace, Epistres,* 4b.

Mal-sage. — A ton forfait, ô Médée *mal-sage* (Pour le masquer) tu donnes un beau nom. Baïf. II, 302. — Enlevé d'un superbe vol De Japet le hardi lignage Le feu du ciel par mauvais dol Apporta aux peuples *mal-sage.* 1584. *Horace, Odes,* 6.

Mal soigneux. — Cette liqueur doucement savoureuse Tu en répans quelque peu, *mal soigneuse.* 1553. Des Autelz, C 5b.

Maltesque. — La blonde toison du peloton *Maltesque.* 1584. Du Monin. *Uranologie,* 13b. — L'autre c'est animal qui blesse traistrement Sur les *Maltesques* bords de Dieu le truchement. 1589. Du Bartas. *II Sepmaine,* 553.

Mal traictable. — Et fut si *mal traictable* en son endroict. 1573. Du Preau, 365.

Malvivant. — La douceur du prince envers les *malvivants,* n'est que cruauté aux bons. 1549. Macault, 73.

Mandateur. — *Mandateur* ne se peut dire, si le prest est faict au paravant. 1585. I. Papon. *Premier Notaire,* 213.

Mang'-abeille. — Des grasses ruches loin les lézards painturez Dessus le dos luisant, soient aussi séparez, Et l'oiseau *mang'-abeille*, et d'oyseaux autre sorte. 1583. *Virgile*, 75b.

Mange-beuf. — Milon *mange-beuf*. 1571. La Porte. *Epithetes*, 166b.

Mangechair. — Ceux qui dévorent les autres poissons sont dis σαρκοφάγοι, c'est à dire *mangechair*. 1558. Rondelet, 17.

Mange-fer. — Temps *mange-fer*. 1571. La Porte. *Epithetes*, 257b.

Mange-poule. — Renard, soldat *mange-poule*. 1571. La Porte. *Epithetes*, 227b, 247b.

Mange-racines. — Hermite *mange-racines*. 1571. La Porte. *Epithetes*, 125b.

Mangetout. — Puisque ainsi est ... que les poissons usent de diverse nourriture ... nous prenderons de la de telles différences, que les uns seront nommés goulus, ou *mangetout*. 1558. Rondelet, 17. — Par le temps *mange-tout* ne seront consumez. 1578. La Meschiniere, *Ceocyre*, 2.

Mansion. — Les Nombres ne contiennent ilz pas les mystères de l'Arithmétique, la prophétie de Balaam, et les quarantedeux *mansions* par le désert. 1559. *La Sainte Bible*. I, A 3b.

Mantice. — Et menteurs n'amenez la *mantice* de Mante. 1578. G. Le Fevre. *Galliade*, 59.

Mantie. — Astrologie judiciaire, magie, et toute *mantie*, ou menterie. 1549. B. Aneau. *Emblemes d'Alciat*, 124.

Manumettre. — Le proconsul ha jurisdition seulement en la province qui luy est donnée, si ce n'est jurisdiction voluntaire, comme est de *manumettre* un serf. 1546. I. Collin. *Heroidan*, B 5.

Maratrement. — Hà qui par trop pudemment, Profiois en toute place, Nature *marâtrement* Ne t'avoir donné la grace, De seanment façonner Un vers, et bien le sonner. 1592. Jean Willemin d'Arbois, *dans* L. Gollut. Memoires historiques de la Repub. Sequanoise, f*.

Marcepain. — Lettres faictes de *marcepain*. 1544. B. Des Periers, 106.

Marche-apres. — Serviteur *marche-apres*. 1571. La Porte. *Epithetes*, 245.

Marche-droict. — La polygamie en leur temps familière Fit que cest univers fust une formilière D'animaux *marche droict*. 1583. Du Bartas. *II Sepmaine*, 485.

Marche-tard. — Souvent a le païsan coustume de charger De l'asne *marche-tard* l'eschine de grasse huyle Ou de pommage vil. 1583. *Virgile*, 41b. — Limaçon *marche-tard*. 1571. La Porte. *Epithetes*, 149.

Mareotic. — Il y a le vignoble Thasien, et celuy, dont se répute noble Le champ *Maréotic.* 1583. *Virgile,* 50.

Mariange. — Mais patience, encor viendra le temps Que nous aurons dix mille passetemps Comme autresfois en ce pré *mariange.* 1579. Pontoux, 76.

Marmitonnier. — Je me suis proposé ... des Latins non les poudreus *marmitonniers,* ains les facondz Cicéroniens. 1554. Le Caron. *La Claire,* 7.

Marmotonner. — Le feu caché dans la vapeur espesse *Marmotonne,* grondant, la nue qui le presse. 1589. Du Bartas. *II Sepmaine,* 182.

Marquette. — De grand luxure est symbole, ou *marquette.* 1549. Aneau. *Emblemes d'Alciat,* 94.

Marrissement. — Plongé au Stix de la mélancolie Semblois l'autheur de ce *marrissement* Que la tristesse autour de mon col lye. (1544). M. Scève. *Delie,* 369.

Mary-frere. — Comme Juno chérit son *mary-frère.* 1553. Des Autelz, C 8b.

Massivement. — Ils ont de là conclu en leur ressort suprême Que le rond chaud et sec par la nature même Doit son siège planter au ventre recelé Du globe terrien *massivement* voilé. 1584. Du Monin. *Uranologie,* 19b.

Massueur. — On l'appella *massueur* par surnom. 1545. H. Salel. *Iliade,* 229.

Mathemate. — Entre le curieus et Hiéromnime sourdit un propos touchant les *MathématES.* 1557. Pontus de Tyard, 8.

Matrimoniel. — Présens et arres *matrimonielles,* qui se baillent aux médiateurs. 1585. I. Papon. *Premier Notaire,* 255.

Matutin. — Quand [Vénus] est *matutine,* elle prévient et anticipe le jour, et le prolonge quand elle est vespertine. 1551. Leon Hebrieu, *trad.* Pontus de Tyard. I, 233. — Heureux je cueilliray cest œillet *matutin.* 1578. Boyssieres, 65.

Maudissable. — Les Euménides lors .... dans les eaux infernales Plongèrent tristement ton *maudissable* corps. Baïf. II, 116.

Maugreable. — Et sous le nom Mastin, s'entende le méchant Sur qui j'enten vomir ce *maugréable* chant. Baïf. II, 111.

Meandriser. — Or', comme ton Jordain, courbé, tu *Méandrises.* Du Bartas, *Les Trophées, vers* 845.

Medicatif. — Tu as, anneau, tenu la main captive, Qui par le cœur me tient encor captif, Touchant sa chair précieusement vive Pour estre puis au mal *médicatif.* (1544) M. Scève. *Délie,* 349.

Medicinable. — Les roses ... sont *médicinables* aux yeulx malades 1545. A. Pierre, 138.

Medien. — Ny des *Médiens*, gent riche, les forets, Ny le beau Gange, . . . N'étrivent en louange aveques l'Italie. 1583. *Virgile*, 51.

Medois. — La terre du *Médois* Porte le suc amer et la saveur pesante D'un pommage fécond. 1583. *Virgile*, 50b.

Medusien. — Amour . . . a le vol plus brusque Que le cheval *Médusien* cent fois. 1553. Des Autelz, A 5.

Megalographie. — La *Mégalographie*, qui vault autant à dire comme paincture de grand coust. 1547. *Vitruve*, 105.

Megarite. — Le droit *Mégarite* Ne tient rien de l'Attique. Du Bartas. *La Loy, vers* 970.

Meigrement. — Combien que ce peu qu'il m'aura pleu d'y mettre, Meigret ayt tant *meigrement* refuté. 1551. *Replique de* G. Des Autelz, *aux furieuses defenses de L. Meigret*, 18.

Meigretiste. — Meigret ha donq droit de s'esmerveiller, pourquoy je dy de la poësie contre les *Meigretistes*. *Ibid.*, 10.

Meilleurement. — La différence et *meilleurement* de l'une sus l'autre partie ne seroit au ciel mesme, mais seulement en respect ou apparence de nous. 1551. Leon Hebrieu, *trad.* P. de Tyard. I, 154.

Meine-paix. — Tu as esté en ta plus jeune enfance, Par la rigueur du fer, le *meine-paix* en France. 1578. Boyssieres, 1 b.

Melencolieusement. — Peregrin *mélencolieusement* attend Violante. 1535. *Le Peregrin*, 21 b.

Memphitiq'. — Le flambeau journalier Ne rayonne il pas au *Memphitiq'* quartier. 1579. Du Monin, 19.

Mene-chariot. — Voiturier *méne-chariot.* 1571. La Porte. *Epithetes*, 282.

Menelaide. — Helene *Menelaide.* 1571. La Porte. *Epithetes*, 123b.

Menstrueux. — La femme *menstrueuse.* 1571. G. Le Fevre. *Encyclie*, 128.

Mentalement. — Si ladite chose n'a réale essence, elle l'ha aumoins *mentalement* en imagination. 1551. Leon Hebrieu, *trad.* P. de Tyard. II, 69.

Meotique. — Lieu . . . Où abbreuve les champs le maresc *Méotique.* 1583. *Virgile*, 69b.

Mere-couleur. — Or puis qu'il est ainsi je ne feray plus cas Du blanc *mere-couleur.* 1599. Lasphrise, 15.

Merveil. — Affranchis de *merveil* cette mienne merveille, Et ouvre à mon *merveil* ta merveilleuse oreille. 1579. Du Monin, 11.

Meseraiques. — Le corps humain . . . est divisé en trois parties . . . Celle première contient . . . l'estomac, le foye, le fiel, la ratelle, les *méséraiques*, intestins, reins. 1551. Leon Hebrieu, *trad.* P. de Tyard. I, 162.

Mesiaque. — Ingennus gouverneur de la Hongrie, fut faict empereur, par les légions *Mésiaques*. 1553. *Le Promptuaire des medailles*, II, 62.

Meslangement. — Pour plus *meslangement* et allégoriquement poursuivre cét argument. 1585. *Thevenin*, dans Du Bartas, 572.

Meslure. — C'est moy qui sçay la nature Et des herbes la *meslure*. Baïf. II, 50.

Mesopotamien. — Euphrate *mésopotamien*. 1571. La Porte. *Epithetes*, 96b.

Messager. — Ce cigne que je porte est un signe certain Que je m'esjouiray sur la fin de ma vie, Mais si l'ay-je receu *messageant* la furie De ceste alme beauté fleur du monde Thébain. 1599. Lasphrise, 194.

Mesure-champ. — Le sculpteur a dressé près de l'Arithmétique, Et l'Art *mesure-champ*, l'image Astronomique. 1589. Du Bartas. *II Sepmaine*, 544.

Metabole. — D'une *métabole* incommode de sa S[ainte]. 1553. Des Autelz, C 4. — Godefroy, *Suppl.*, a un exemple de 1578.

Meteoroscope. — [Ilz] me trouvèrent, r'assemblant un *Météoroscope*, lequel l'on m'avoit envoyé. 1557. Pontus de Tyard, 8.

Metre-soufleur. — Bien que les forts subjets du grand *métresoufleur* Déployassent, ragés, leur gousier orageur. 1579. Du Monin, 14.

Mettoyenner. — Ayant donq' traversé toute ceste vaste solitude, qui de celle part *méttoyenne* nostre royaume et celuy d'Egypte. 1573. Du Preau, 268.

Metymneen. — Une mesme vendange à nos arbres ne pend, Que celle que le sep *Metymnéen* respend Au hanap Lesbien. 1583. *Virgile*, 49b.

Meurissement. — Saisons ... selon lesquelles les fleurs succèdent aux boutons, ..., le dous *meurissement* à l'aigre verdeur. 1557. Pontus de Tyard, 6.

Mi-carriere. — Et s'estoit hors du ciel ja du jour la lumière Retirée, et Phebé batoit sa *mi-carriere* Par l'Olympe estoillé sus son char erre-nuict. 1583. *Virgile*, 268b.

Mi-espace. — Des sœurs à *mi-espace*, à luy s'offre le chœur, Nymphes. 1583. *Virgile*, 268b.

Mi-front. — Des cestes emplombez la fureur balancée, Se dressant il rameine au *mi-front* du bouveau, Et luy enfonçant lors luy froisse le cerveau. 1583. *Virgile*, 174b.

Miesteint. — Ja la grâce *miesteinte* Se lamentoit souz l'oubli. 1554. Le Caron. *La Claire*, 176b.

Mieuvouloir. — Serve Tulle ... ordonna que les mainmis s'ilz ne *mieuvouloient* aller en leurs propres villes, participassent egallement aus droitz de la cité Romaine. 1554. Le Caron. *La Claire*, 76b.

Mi-haineus. — Les esprits grimpeurs des maisons azurées Appellent ces quartiers du nom de *mi-haineus*. 1579. Du Monin, 26.

Militairement. — Ce privilège de *militairement* tester est donné sur la mer à tous patrons de navire. 1585. I. Papon. *Premier Notaire*, 456.

Milliaire. — Ilz nomment ce septième an Scemita, . . . signifiant la relaxation ou rémission de toutes choses, et de leur appropriation au septième *milliaire* des ans. 1551. Leon Hebrieu, *trad.* Pontus de Tyard. II, 147.

Millour. — Les flateurs . . . dressent leurs embusches contre les fourrez et puissantz *millours*. 1537. A. Du Saix, A 8b.

Milourdiere. — En ce temps de gelée (Comme je dy) prens ton saye fourré, Ta *milourdière*, et te tiens bien serré, Ta *milourdière* en peu d'estain tissue, De beaucoup plus de tresme entretenue, Vest la dessus. 1547. R. Le Blanc. *Hesiode*, 49.

Mimesler. — *Mimeslant* des soupirs long temps continuez. 1578. La Meschiniere, *Ceocyre*, 2.

Minerval. — Ce mont *Minerval*. 1553. I. de Savyon, *dans* Taillemont. *Champs faez*, 132.

Minervin. — Ma Sainte . . . Un *Minervin* ouvrage mignardoit. 1553. Des Autelz, A 4. — Le menassant de ses feux *Minervins*. *Ib.*, A 3b. — Toi nourrisson *Minervin* Par ton Olive immortel. 1554. Le Caron. *La Claire*, 177.

Minoide . Minoien. — Juge *Minoide*, *Minoien*. La Porte. *Epithetes*, 140b.

Mille. — Prenez la *miolle* dudict pain. 1536. Le Fournier. *Decoration dhumaine nature*, 13.

Mirmidonnant. — Tantost rumine ung millier de ymaginations *mirmidonnantes*, et groullantes en son entendement. 1511. F. Le Roy. *Le Mirouer de penitence*. II, B 6b.

Misterial. — Diane ne povoit penser le sens *mistérial* de ce propos. 1554. *Amadis*. XI, 89b.

Mitransi. — Et toy mon âme, âme aux sens *mitransis*. 1553. Des Autelz, C 3b.

Mixtement. — Les plantes ne seront point plantées désordonnéement, ne *mixtement*. 1545. A. Pierre, 108.

Mnesarchide . Mnesarchien. — Pythagore *Mnésarchide*, *Mnésarchien*. 1571. La Porte. *Epithetes*, 222b.

Mobiliter. — Voi comme une frayeur or m'élance, or m'accoise Gelant mon sang au cueur et l'haleine pantoise *Mobilite* çà là le bat bat de mon pous. 1579. Du Monin, 11.

Mocquable. — Que vous estes *mocquable*, Hippothales, dis je. 1544. B. Des Periers, 5.

Modesteté. — Je te prie que par *modesteté* tempères cest ardeur véhémente. 1535. *Le Peregrin*, 91 b.

Modulisé. — Un son *modulisé* en donce mélodie. 1571. G. Le Fevre. *Encyclie*, 34.

Moduliser. — Catulle mesme en sa molle musette *Modulisant* la tendre larmelette. 1578. G. Le Fevre, 127.

Moite-bourbeux. — Maint creux lac bagne D'un tiède-lent humeur son sein *moite-bourbeux*. 1583. *Virgile*, 38.

Moite-sec. — D'un *moite-sec* baizer prenant de moy mercy. 1578. La Meschiniere: *Ceocyre*, 15.

Moitement. — Les colombelles . . . Leurs becz elles s'entr'arrosent De leurs baisers *moitement*. O. de Magni. *Gayetez, éd. Courbet*, 20. — Cil qu'on sent du Ponant *moitement* arriver L'aage pesant, et l'eau, et le phlegme et l'hyver. 1585. Du Bartas, 168.

Moiteux. — Un triste amas de pluvieux souci Fait ondoier ma *moiteuse* poitrine. 1554. Le Caron. *La Claire*, 187. — Désjà parmi l'air *moiteux* La rage des vents forcene. Baïf. II, 128.

Mol-coulant. — Ainsi, Plancus, la tristesse, la pene De ta vie, et de Mars Finir prudent désormais te souviene Aux *mol-coulants* nectars. 1584. *Horace, Odes*, 11.

Mollicie. — Délicatesses superflues, et *mollicies* indeues. 1551. Leon Hebrieu, *trad.* D. Sauvage, 34. — Ie doute que les hommes entendent cette fragilité non de la *mollicie* de nostre corpz, ains de l'imbécillité de nostre esprit. 1554. Le Caron. *La Claire*, 13 b.

Mollificatif. — Le cinquiesme chapitre . . . auquel sera traicté des médecines . . . *mollificatives*. 1542. Canappe. *Guidon*, 18.

Moncelée. — D'icelle mer [les poissons] entrent à grand *moncelées* et bendes en la mer de Ponto. 1548. B. Aneau *Baptiste Platine*, 313. — Cotgrave a Moncelet.

Mondifiement. — La seconde intention est complette avec saignées et avec *mondifiement* de sang cum diacatholicon. 1542. Canappe. *Guidon*, 70b.

Monogramme. — Ayant remarqué certeins traiz grossiers, et (comme on diroit) *monogrammes*. 1557. Pontus de Tyard, 7.

Monopoliser. — Le petit quelquefois espris d'un haut courage Peut faire ressentir l'illustre personnage, Soit d'un beau désespoir ou *monopolisant*. 1599. Lasphrise, 206.

Monstreux. — De son cœur la cruaute' *monstreuse* Rompit le fil par desdains doucuisantz, Et engloutit mon âme langoureuse. 1554. Le Caron. *La Claire*, 190.

Monstricide. — Ton enfantine main de ces monstres meurtrière Présaige à l'advenir les labeurs glorieux, Dont tu triompheras avant monter aux cieux, *Monstricide* François, d'une mainc plus guerrière. P. Delbene, *dans* 1589. Du Bartas. *II Sepmaine*, Bb 3.

Monticolle. — J'ay là bas de demy dieux, de rustiques, faunes, nymphes, satyres, et les sylvans *monticolles.* 1543. *La premiere partie du Grand Olympe des Histoires poetiques,* 9 b.

Mont-joier. — Je ne veul point en thrésor *Mont-joier* üne richesse. 1584. *Horaçe, Odes,* 129.

Mopsopien. — Euripide *mopsopien.* 1571. La Porte. *Epithetes,* 96 b.

Morçurer. — Il s'en va becqueter sa bouchette empourprée, Fleurotter ce beau teinct à l'Aurore pareil *Morçurer* goulu ce teton, ce bel œil. 1599. Lasphrise, 310.

Mordement. — Dedans l'œil l'on sent poinctures et *mordement* ainsi comme se gravelle estoit dedans. 1542. Canappe. *Guidon,* 93 b.

Morigeration. — En elles [apostemes] male qualité ou male *morigération* y appert plus que tumeur. 1542. Canappe. *Guidon,* 52 b.

Mosaïque. — La sacrée escriture *Mosaïque.* 1551. Leon Hebrieu, *trad.* Pontus de Tyard. I, 226.

Motelé. — Le champs sont les meilleurs, dont pourrie est la terre: Ce que soignent les vents et les frimats gelés, Et le dur fossoyeur, des journaux *motelés* L'échine remuant. 1583. *Virgile,* 54.

Mousser. — Mes chansons non mourir ne doivent .... Mais immortellement vivans Doivent *mousser* la faux rebelle Du tems par les âges suivans. Baïf. II. 58.

Moustacheus. — Barbe *moustacheuse.* 1571. La Porte. *Epithetes.* 31 b.

Mouvable. — Une roüe *mouvable.* 1571. G. Le Fevre. *Encyclie.* 108.

Mucre. — Tout incontinent que les espèces closes De souris, de l'air *mucre,* ou bien par autres choses Viennent à s'empirer, 1578. G. Le Fevre, 147.

Mugueterie. — Pour éprouver si noz François voudront quelquefois rechercher la gravité de traiter, et non toujours envillir leur faconde en la vulgaire *mugueterie* des parolles, qu'ilz n'ausent parantheser. 1554. Le Caron. *La Claire,* A 4 b.

Muguetier. — [Les femmes] qui sont les plus songneuses de leur honneur, se contiennent secrettement en leurs maisons, abhorrissant et les *muguetières* compagnies et caquetières assemblées. 1554. Le Caron. *La Claire,* 18.

Multiformement. — Le doux vent Favonius, . . ., faisoit cresper doucettement et figurer *multiformément* la partie superficielle des nobles undes de Scamander. Le Maire. I, 202.

Munifiquement. — Cicéron dit justice estre une affection de la pensée . . . gardant *munifiquement* et équitablement cette, que tant nous prisons, société de la compagnie humaine. 1554. Le Caron. *La Claire*, 37.

Murailleus. — Joubarbe *muraılleuse*. 1571. La Porte. *Epithetes*, 138.

Muscleux. — Le poulain D'étalons généreux ... a petite teste, Haut le col, court le ventre, et la croupe refaite, Et l'estomac *muscleux* ou courage indonté. 1583. *Virgile*, 63.

Musean. — Mélodie *muséanne*. 1571. La Porte. *Epithetes*, 162b.

Musimon. — *Musimon* est ung petit meschant mulet ... de l'isle de Corse. 1549. B. Aneau. *Emblemes d'Alciat*, 231.

Mutinement. — Ainsi de mon mérite, et de sa foy douteux, Suis fait *mutinement* contre moy despiteux. Pontus de Tyard, 189. — Blesme d'effroi le marchand redouptant L'Afrique afreux, *mutinement* luctant Contre les flotz de la plaine Icarée. 1584. *Horace. Odes*, 2.

Mutineus. — Ne les Grecz, ne les Romains avoient occasion de *mutineus* et révolté murmure. 1554. Le Caron. *La Claire*, 17.

Mutualité. — Je vey que comme honneur Philasser l'aimeroit, La *mutualité* quelque peu s'embaroit, Car la lune par Mars esgaroit la cinquiesme. 1599. Lasphrise, 136.

My-ars. — Les pouppes des vaisseaux S'emplissent par dessus, et *my-ars* s'amoitissent Les fusts. 1583. *Virgile*, 179b.

My-bridé. — Le bruit est, que pressé sous soy ce mont enserre D'Encelade le corps *my-bridé* du tonnerre. 1583. *Virgile*, 142b.

My-brulé. — Plus à la villageoise Il n'est jà question de départir la noise A coups de durs épieux, de bastons *my-brûlés*. 1583. *Virgile*, 218.

My-cercle. — Dès que la clarté née hors du *my-cercle* monte, Des portes sort le choix de la jeunesse pronte. 1583. *Virgile*, 149.

My-cheval. — Le vieillard Chiron my-homme et *my-cheval*. 1583. *Virgile*, *Epigrammes*, 14b.

My-coup. — Mais le branc se froissa Déloyal, et ardant à *my-coup* le laissa. 1583. *Virgile*, 324.

My-course. — Quand jà de la nuict la *my-course* passée Eut du premier sommeil la paresse chassée. 1583. *Virgile*, 235b.

My-femme. — Soit que déesses soient ces pillardes *my-femmes* Ou qu'elles soient oiseaux horribles et infâmes. 1583. *Virgile*, 135.

My-fendu. — Voicy sous le dur joug ez plaines *my-fendues* Tombant par terre mort le toreau tout fumeux. 1583. *Virgile*, 73b.

My-harangue. — Pourquoy faconde à *my-harangue* D'un peuséant silence chet ma langue. 1588. *Horace, Odes*, 62b.

My-homme. *Voir* My-cheval.

My-journel. — Le chandelier estoit en la part *my-journelle*. 1571. G. Le Fevre. *Encyclie*, 138. — Icy tu és à nous la torche *my-journelle*. 1578. G. Le Fevre, 167 b.

My-laine. — Nommé Mylan de *my-laine*, en celle eage. 1549. Aneau. *Emblemes d'Alciat*, 17.

My-luné. — Panthésilée alloit l'ost Amazonien Aux pavois *my-lunés* conduisant furieuse. 1583. *Virgile*, 101 b.

My-masle. — Paris ... marche environné D'un *my-masle* esquadron. 1583. *Virgile*, 151.

My-mort. — Ce désastre *my-mort* entend Anne sa sœur. 1583. *Virgile*, 162.

My-parolle. — Ayant ainsi parlé le divin harangueur La présence mortelle il quitte à *my parolle*. 1583. *Virgile*, 152 b.

Mypartir. — Mypartir et diviser l'Eglise de Dieu. 1573. Du Preau. 209.

My-rongé. — Tremblant le portier d'Orque en sa fosse sanglante Sur les os *my-rongez* couché te redouta. 1583. *Virgile*, 233.

Mynedien. — Du mesprisement des *Mynediennes* envers les sacrifices de Bacchus et de leur pugnition. 1543. *La premiere partie du Grand Olympe des Histoires poetiques*, 53.

Myrrehen. — Le Sabeien encens, qu'il est Dieu, signifie: Comme l'or précieux monstre sa royaulté: La poudre *Myrréhenne* aussi nous notifie La mort, et le tombeau de son humanité. 1594. Coyssard. *Hymnes*, 25.

Myrrheux. — Di aussi, sans targer guère, A ma syrène Néaere, Que son *myrrheux* crin serrant D'un seul noud, elle ne tarde. 1584. *Horace*, *Odes*, 83.

Myterrain. — Ou à l'Isère en sa mer *myterraine* Fay emporter tant infâme chanson. 1553. Des Autelz, D 5.

My-voye. — Il ne nous reste plus d'icy rien que *my-voye*. 1583. *Virgile*, 32 b.

Naenieux. — Mais afin Muse trop hardie Que laissant les jeux, tu ne die Les plainctz du *naenieux* Céen. 1584. *Horace*, *Odes*, 41.

Napéen. — Toy donc ... honore la bande Facile à pardonner, des *Napéennes* sœurs. 1583. *Virgile*, 88.

Nasilles. — Si vous frottés les *nasilles* du taureau d'huylle rosat. 1545. A. Pierre, 193. — Cotgrave a Narilles.

Nazarien. — Jésus Christ *Nazarien*. 1571. La Porte. *Epithetes*. 133 b.

Necessitude. — Ce mot de droit ... quelquefois ... est usurpé pour *nécessitude*, comme j'ai droit de cognation, ou affinité. 1554. Le Caron. *La Claire*, 37 b.

Nectarien. — Toutes *nectariennes* odeurs. 1535. *Le Peregrin*, 1.

Negin. Neigin. — Surprise ainsi du don de la *negine* laine ... O Lune, te déceut Pan l'Arcadique dieu. 1583. *Virgile*, 70b. — Je n'ay point prins maitresse orchevelue, Ny se vantant d'une blancheur *neigine*. 1553. Des Autelz, C 6b.

Nesciemment. — Bessarion ... s'en va premièrement vers le duc, duquel aiant eu sa depesche, s'en alla après fort *nesciemment* trouver le roy. Brantôme, *éd. Lalanne*. II, 348.

Nestorean. — Pylos *Nestoréane*. 1571. La Porte. *Epithetes*, 223.

Netarique. — Ceste terre est sa mère, et son père le ciel, Ou il a savouré le *nétarique* miel. 1578. Boyssieres, 67.

Nicter. — Les poissons aussi n'ont point de paupières, parce qu'ils ne pourroient *nicter* dans l'eau. 1558. Rondelet. I, 40.

Nielleux. — Soudain on voit s'ensuivre De nouveau sur les blés ces calamiteux maux Que l'outrage *nielleux* ronge les chalumeaux. 1583. *Virgile*, 38b.

Nilotique. — Grand Roy, celle qui part des *Nilotiques* flots, N'est point chair de ta chair, n'est point os de tes os. Du Bartas. *La Magnificence, vers* 559.

Nisean. — Antidote d'ennuis, trompe-dueil, chasse-esmoy, Puissant dieu *Niséan*, dont j'honore la gloire. 1599. Lasphrise, 626.

Noçal = Nopçal. — Femme ... qui ... Superbe a refusé sous la *noçalle* foy Se joindre avecques nous. 1583. *Virgile*, 151.

Nochere. — Ton seul pouvoir la gent *nochère* adore Et Thule au bout du monde en te servant, t'honore. 1583. *Virgile*, 36.

Noir-épés — Les *noirs-épés* rameaux, et l'onéreuse proye Empeschent Euryal. 1583. *Virgile*, 252b.

Noir-fumeux. — A ce monstre cruel, Vulcan estoit le père, Dont les feux *noir-fumeux* de sa bouche espanchant D'une grandeur énorme il alloit se marchant. 1583. *Virgile*, 230b.

Non-amoureux. — Des braves héros les corps privez de vie Que du fleuve Cocyte autour retient et lie Le noirâtre limon, et le sale roseau, Et le maresc dormant, la *non-amoureuse* eau. 1583. *Virgile*, 86b.

Non-animé. — Après tu me feras entendre comme [Amour] prend place aux choses *non-animées*. 1551. Leon Hebrieu, *trad.* P. de Tyard. I, 109.

Non-borné. — C'est le rond *non-borné*. 1578. G. Le Fevre, 171b.

Nonce-lumiere. — *Nonce-lumière*, sors, et haste le beau jour. 1583. *Virgile*, 28.

Nonchancelant. — Tu guides l'outil Romain De ta *nonchancelante* main. Baïf. II, 361.

Non convenant. — Les animaux ... haïssent les choses mal

duisants et *non convenantes.* 1551. Leon Hebrieu, *trad.* P. de Tyard. I, 109.

Non corrumpu. — Syringue la vierge pure et *non corrompue.* Leon Hebrieu, *trad.* Pontus de Tyard. I, 208.

Non découvert. — Alons chercher terre *non découverte.* Baïf. II, 369.

Non envieillissant. — Le laurier dure longuement ... *non envieillissant* ou seichant. 1551. Leon Hebrieu, *trad.* Pontus de Tyard. I, 259.

Non espuisable. — La source *non epuisable* des beautez et bontez éternelles. 1557. Pontus de Tyard, 33.

Non esteingnable. — Feuz artificielz ... demeurant *non esteingnable.* 1557. Pontus de Tyard, 68.

Non-fabuleux. — Atlas *non-fabuleux,* colomnes éternelles Du palais du Seigneur. 1589. Du Bartas. *II Sepmaine,* 558.

Non-faillant. — L'entendement raisonnable, qui est le *non-faillant* gouverneur de la nature. 1551. Leon Hebrieu, *trad.* D. Sauvage, 50.

Non-festé. — Et nous, tant es jours *non-festez,* Qu'aux sacrées solemnitez ... Chanterons les ducs vertueux. 1584. *Horace. Odes,* 127.

Non frapeur. — Saint Paul descrit quels [les gens d'Eglise] ils doivent estre irrépréhensibles, sobres, prudens, pudics et chastes, ..., *non frapeurs,* modestes, paisibles. 1585. Thevenin, *dans* Du Bartas, 717.

Non-guerrier. — La *non-guerrière* colombelle. 1588. *Horace, Odes,* 68 b.

Non-irritable. — Le *non-irritable* courage. Baïf. II, 219.

Non-lisible. — Rature *non-lisible.* 1571. La Porte. *Epithetes,* 226.

Non mesurable. — Son subjet est au grand, voire *non mesurable* espace de la fantasie. 1551. Leon Hebrieu, *trad.* Pontus de Tyard. I, 45.

Non-nombre. — Quel désigne le Trois, Frère aisné des impairs propre au grand Roy des Rois, Où le nombre et *non-nombre* amoureusement entre. 1589. Du Bartas. *II Sepmaine,* 525.

Non-puissance. — Ceste *non-puissance* est propre, et sortable à l'imbécillité humaine. 1585. Thevenin, *dans Du Bartas,* 40.

Non recusable. — Aussi voy je vostre vertu ... portant ... véritable et *non récusable* tesmoignage. 1551. Leon Hebrieu, *trad.* Pontus de Tyard. I, 104.

Nonsçavoir. — Le corbeau ... par sa janglerie et ... son *nonsçavoir* devint noir. 1543. *La premiere partie du Grand Olympe des Histoires poetiques,* 24.

Non sensible. — Les membres sensibles comme l'œil ne soubstiennent point médecines acres ne griefves, mais les *non sensibles* comme le test les soubstient bien, 1542. Canappe. *Guidon*, 91 b. — Cela est estrange qu'ilz appellent dieux des corps non vivans, *non sensibles*, et privez d'âme. 1551. Leon Hebrieu, *trad.* Pontus de Tyard. I, 188.

Non tarissable. — Source *non tarissable.* 1578. G. Le Fevre, 104 b.

Non-traitable. — Vieillard fol, foible, et *non-traitable.* 1571. G. Le Fevre. *Encyclie*, 67.

Non vivant. . *Voir* Non sensible.

Non-voiable. — *Non-voiable* objet qui jamais ne se müe. 1571. G. Le Fevre. *Encyclie*, 59. — Et or'est immortel son corps impénétrable, Impassible, subtil, léger, et *non voyable.* 1578. G. Le Fevre, 146b.

Non usité. — Vous échauffez d'un feu *non usité* Nos cœurs. 1578. G. Le Fevre, 152.

Nopçailles. — Tous amans tu escondis Bien que ta beauté contraire Maint amant te puisse attraire, Qui tes *nopçailles* poursuit. Baïf. II, 44.

Nopçal = Noçal. — A Pallas il le donna pour don *nopçal.* Baïf. II, 66.

Nourri-vigne. — Laboureur *nourri-vigne.* 1571. La Porte. *Epithetes*, 142b.

Nouveaument. — Le Venite *nouveaument* faict. 1530, *dans Brunet.* II, 1027.

Nuble. — Quand le soleil ne luit, Quand la lumière est *nuble*, et n'est jour ne nuit. Baïf. II, 20.

Nuble (Faire). — L'on vogue ayant l'œil fiché sur l'étoile S'il fait serein: s'il *fait nuble*, en la carte Par le quadran l'on voit si on s'écarte. Baïf. II, 206.

Nuit-volant. — Près de l'oiseau *nuit-volant* (grand merveille) Muette sied la criarde corneille. Baïf. II, 76.

Nutriant. — Le feu . . . est doué d'une puissance *nutriante.* 1557 Pontus de Tyard, 70.

Obscur-ombreus. — Le soleil jête en espace égal L'*obscur-ombreus* égal. — 1584. Du Monin. *Uranologie*, 21.

Obscuré. — Mon espoir . . . en mon corpz ne sera retiré, Si le ciel n'est par la terre *obscuré* Ou du ciel soit la terre l'ornement. 1554. Le Caron. *La Claire*, 175.

Octobral. — Bénites soyent les *Octobrales* Ides. 1553. Des Autelz, A 2. — Il me souvient . . . Du jour quinzième *Octobral. Ib.*, a 4.

Odorantement. — O belle, qui es tu . . . Qui ceins tes flancs d'un ceste *odorantement* riche, Où l'escadron mignard des doux amours se niche. Du Bartas. *La Magnificence, vers* 841.

Œagrien. — Du corps marbrin le chef lors séparé Flotant bouleversé emmy les ondes blème De l'Hèbre *Œagrien.* 1583. *Virgile,* 87 b.

Œnocrat. — Et le nomme *Œnocrat,* c'est à dire fort en vin ou bon beuveur. 1549. B. Aneau. *Emblemes d'Alciat,* 171.

Oiseau-dragon. — Medée ... par un don de sa gent, Imbu de ce fier aconite, De sa rivale se vengeant, Sur l'*oiseau-dragon* prit la fuite. 1584. *Horace, Odes,* 133.

Olympionique. — Pindare Thebain ... laissa dix sept livres en langue Dorique des *Olympioniques* et Pithioniques. 1599. La Popeliniere, a 121.

Ombratil. — Un droit *ombratil,* qu'ils auront pour prétexte. 1585. I. Papon. *Premier Notaire,* 483.

Ombratilement. — La prière sert aussi pour exercer ... l'âme à méditer ... de nous avoir mesme daigné si apertement manifester son vouloir, *ombratilement* par la Loy ancienne, et par les Prophètes. 1588. Vigenere. *Le Psaultier,* 246 b.

Ombreusement. — Beautez ... qui prexistent ... en nostre âme raisonnable obscurément et *ombreusement.* 1551. Leon Hebrieu. *trad.* D. Sauvage, 568. — Grand'tour quarrée ... semble restrécie Et ronde *ombreusement* en veüe raccourcie. 1571. G. Le Fevre. *Encyclie,* 53. — Seulement és fouteaux *ombreusement* touffus Il hantoit assidu. 1583. *Virgile,* 13 b.

Omogene. — Le corps humain est composé de membres *omogenes,* c'est à dire non organizez. 1551. Leon Hebrieu, *trad.* P. de Tyard. II, 414.

Oncquesmais. — Ry Démocrit, si tu ris *oncquesmais.* 1549. B. Aneau. *Emblemes d'Alciat,* 183.

Ondage. — Le dieu ... Faisant sourdre un neuf *ondage,* De son trident donne un coup Au roc, qui vomit a coup Une onde à foison roulant. Baïf. II, 147.

Ondeux. — Du sein Sicanien enceinte à l'opposite De Plemmyre l'*ondeux,* sied une isle qu'ont dite Ortyge les premiers. 1583. *Virgile,* 145.

Ondoyamment. — J'ay veu le bled cresté *ondoyamment* baisser. 1599. Lasphrise, 8.

Opereux. — La grelle odieuse Aus laboureurs durs en peine *opéreuse.* 1554. R. Le Blanc. *Ovide,* 6 b.

Orcheveleure. — L'an est trois fois à mon malheur coullé, Qu'Amour laçant l'*orcheveleure* blonde ... A le pouvoir de mon âme volé. 1554. Le Caron. *La Claire,* 174.

Orchevelu. — Je n'ay point prins maitresse *orchevelue.* 1553. Des Autelz, C 6 b.

Or-coiffé. — Va donc Eraton *or-coiffée*. 1553. Des Autelz, F 6b.

Orageur. — Bien que les forts subjets du grand mètre-soufleur Déployassent, ragés, leur gousier *orageur*. 1579. Du Monin, 14.

Ordinatrice. — Pan ... Par lequel il fault entendre la nature universelle *ordinatrice* de toute chose produite du Chaos. 1551. Leon Hebrieu, *trad.* P. de Tyard. I, 201.

Orestiade. — Sepulchre ... Autour duquel Nymphes *Orestiades*. 1545. H. Salel. *Iliade*, 214.

Orfileure. — J'ai désiré ma langueur violante Désangoisser par la libre raison, Pour franchement estimer la toison De tes cheveus d'*orfileure* excellente. 1554. Le Caron. *La Claire*, 173b.

Orfrizure. — Non pour quelque riche vesture De broderie ou d'*orfrizure* Cherchant de vous faire estimer. Baïf. II, 443.

Organiquement. — Aucuns de ces engins se meuvent ... *organiquement*, ou par contrainctes d'air entonné comme dict est. 1547. *Vitruve*, 135.

Orgien. — Les festes nuiteuses De Bacche l'*Orgien*. 1583. *Virgile*, 87b.

Ornature. — Après telle *ornature*. 1547. R. Le Blanc. *Hésiode*, 13.

Orne-ciel. — Celui de qui le front flambe comme un comète *Orne-ciel*, donne-peur. 1589. Du Bartas. *II Sepmaine*, 407.

Orpheliné. — Mère, ... Qui faites surjonner de mes yeus cent fontaines, Qui font que ma vie est de vie *orphelinée*. 1579. Du Monin, 103.

Orphien. — Encor on voit la rive Thracienne Pour monument de la voix *Orphienne* Enceinturée en grandes chesnes plantez. Baïf. II, 76.

Ortegue. — Trouvans à ce moyen façon de vivre et de manger des cailles ou *ortègues* qu'ilz prenoient. 1541. Macault, 39.

Orthogone. — De l'équierre inventé par Pythagoras au moyen de la formation d'un triangle *orthogone*, c'est à dire d'angles ou coingz droictz. 1547. *Vitruve*, 122b. — Desquelz isoceles chacun se peut départir en six scalènes *orthogones*. 1557. Pontus de Tyard, 62.

Oste-sceptre. — Hérésie, Rébellion *oste-sceptre*. 1571. La Porte. *Epithetes*, 125b, 226b.

Oste-soif. — Sommeiller *oste-soif*. 1571. La Porte, *Epithetes*, 248b.

Oste-soing. Oste-souci. — Jeu *oste-soing*. Musique *oste-souci*. 1571. La Porte. *Epithetes*, 157, 173b.

Oste-tache. — Savon *oste-tache*. 1571. La Porte. *Epithetes*, 240b.

Oste-vie. — Il ne boit dans l'argent le philtre forcené, Au lieu de vin grégeois, et parmy l'ambrosie Ne prend dans un plat d'or l'arsenic *oste-vie*. 1585. Du Bartas, 332.

Ourse-gardant. — Le Bouvier Arctophilax, en françois l'*Ourse-gardant.* 1585. Thevenin, *dans* Du Bartas, 377.

Oursier. — Hure *oursière.* La Porte. *Epithetes,* 129b.

Outre-couler. — Franchir = outre-passer, *outre-couler.* 1585. Thevenin, *dans Du Bartas.* 247.

Outrefendre. — Pareillement vient-il Ide *outrefendre,* Qui s'efforçoit la haute tour défendre. 1567. Des Masures. *Eneide,* 473.

Outrepassable. — J'enten que le ciel est une nature liquide, *outrepassable,* ou, pardonnez moy ce mot, perméable. 1557. Pontus de Tyard, 53.

Outrepercer = Oultrepercer. — Bénites soient les flesches homicides Qui de mon cœur *outrepercent* le fort. 1553. Des Autelz, A 2b. — Mais de sa chasteté le furieus brandon M'*outreperçoit* de sa cruelle lame. 1554. Le Caron. *La Claire,* 172. — *Outre-percer* les cerfs à force de sagettes. 1583. *Virgile,* 14.

Outre-porter. — Or voicy arriver Boré soufflant prospère Du destroit de Pélor' si que de là les huis De Pantage au roc vif *outre-porté* je suis. 1583. *Virgile,* 145.

Outre-ramer. — Grosses leurs voiles rend de vents heureux Neptune, Et leur ouvrant la voye à la fuite opportune, Les périlleux sablons leur fait *outre-ramer.* 1583. *Virgile,* 206.

Outre saillir. — Il pense, et d'un poil droit Justement se balance, à ce que rien ne baille Et bée entrefendu, qu'aucun coin n'*outre saille.* 1583. *Virgile, Epigrammes,* 6.

Outre-voler. — De nos terres s'en vont les passagères grues *Outre-voler* les mers. 1571. G. Le Fevre. *Eruyclie,* 35.

Ouvre-veine. — Barbier *ouvre-veine.* 1571. La Porte. *Epithetes,* 31b.

Ouvrierement. — Les venins mêmes, *ouvrièrement* accommodés, profitent. 1574. J. Breslay, *dans Du Verdier.* V, 252.

Padoüan. — Tite-Live *padoüan.* 1571. La Porte. *Epithetes,* 263.

Paflazant. — Autour la mer *paflazant* écumeuse Sous le choc brasse une onde tortueuse. Baïf. II, 84.

Pagasien. — Déjà les preux au *Pagasien* port Tous assemblez attendent sur le bord. Baïf. II, 80.

Pagasois. — Une noble bande ... Prompte t'attend déjà dessus le bord, Pour pousser hors du *Pagasois* rivage La nef d'Argon d'Arge le bel ouvrage. Baïf. II, 80.

Pale-rougissant. — Si ma langue ... En *pale-rougissant* ne peut point exprimer. 1578. La Meschiniere. *Ceocyre,* 26.

Palesthins. — Parthes, Syriens, Phénices, Arabes, *Palesthins.* 1559. *La Sainte Bible.* I, A 2.

Palestinois. — David ... Le Jébusée efface: et presque chaque mois, Victorieux, combat l'orgueil *Palestinois.* Du Bartas. *Les Trophees, vers* 760.

Paliere. — Allée close d'une *palière* garnie de force rosiers. 1553. Taillemont. *Champs faez*, 21. — Godefroy, *Suppl.*, a un exemple de 1622.

Palladien. — Le peuple [Athénien] . . . coronna [Thrasybule] de l'olive *Palladienne*. 1549. B. Aneau. *Emblemes d'Alciat*, 166.

Palle-gris. — Le colombe . . . rapporte à la fin en son bec un rameau D'olivier *palle-gris* encor mi-couvert d'eau. 1589. Du Bartas. *II Sepmaine*, 335.

Palle-verd. — Jaspe, par qui à l'œil Double couleur est rendue: D'une part un *palle-verd*, De l'autre un teint plus couvert. Baïf. II, 134.

Pampineux. — Ainsi te vient à gré, ô père Nyséan, Le thyrse *pampineux* une seule fois l'an. 1574. Perrin, ā 2b.

Pampreusement. — Un char plein de fueillages, Et d'ouvrages Récamez *pampreusement*. Magni. *Gayetez*, 63.

Pancaique. — Parfumant les autels de *Pancaique* odeur, De cil qui d'un saint pié mit mon pié hors de peur. 1579. Du Monin, 107.

Pandorin. — Avant que l'oiseau *Pandorin* Des pluies proches le devin Les marestz paresseux répète. 1584. *Horace, Odes*, 96.

Paneret. — Ce *paneret* chargeoit la main d'Europe. Baïf. II, 425.

Pantagrueliste. — Jambon *pantagruéliste*. 1571. La Porte. *Epithetes*, 131b.

Paphien. — Vénus me fit voir Premièrement sa beauté *Paphienne* 1553. Des Autelz, C 4. — Encore que ton bel œil (digne flambeau des cieux) Ne me vueille esclairer d'un soleil *Paphien*. 1599. Lasphrise, 13.

Paradoxiste. — Qui suivra l'opinion mieus fondée de raison, que de nom autorisé, sera dit *paradoxiste*. 1557. Pontus de Tyard, 22.

Parager (se). — Est Niobé qui aux dieux *se parage*. 1549. B. Aneau. *Emblemes d'Alciat*, 89.

Parahelie. — Telz soleils toutefois sont naturelles impressions nommées *parahélies*. 1557. Pontus de Tyard, 78.

Parangonnable. — Celles qui n'estoient en rien *parangonnables* aux beautez qui reluisent en voz perfections. 1551. Leon Hebrieu, *trad.* P. de Tyard. II, AA 3.

Parantheser. *Voir* Mugueterie.

Parcialiser = Partialiser. — 1557. Pontus de Tyard, 6.

Parenthesiser. — La cheville n'est là (qu'en *parenthesisant*) Qui cœuvre l'honneur grand de la science obscure. 1599. Lasphrise, 401.

Parilité. — L'affaire retourne . . . en une *parilité* de droit. 1554. Le Caron. *La Claire*, 36b.

Parlementeus. — Jugement *parlementeus.* 1571. La Porte. *Epithetes,* 140b.

Parlustrer. — Le soleil qui va le monde *parlustrant.* 1571. G. Le Fevre, *Encyclie,* 112.

Parnasside. — A vous n'ont esté cause d'aucun séjour Ny le mont Pindien, ny le mont *Parnasside,* Ny les humides bords d'Aganippe Aonide. 1583. *Virgile,* 33.

Parolier. — Cher Maecene, ... le flot *parolier* De ta paternelle rive, Et du coupeau Vatican La gaie image cliquant Rendoit ta louange vive. 1584. *Horace, Odes,* 24.

Parrochial. — Messe *parrochialle.* 1571. La Porte. *Epithetes,* 165.

Parthois. — Et désjà me plait-il lâcher d'un arc *Parthois* Les traits Cydoniens. 1584. *Virgile,* 34.

Partour. — Le roide *partour* des neuf temples bornés. 1571. G. Le Fevre. *Encyclie,* 80.

Partroubler. — O de la bonne terre inutile fardeau .... tu *partroubles* ta vie De vaine inimitié de tant de maux suivie. Baïf. II, 227.

Passe-contract. — Notaire *passe-contract.* 1571. La Porte. *Epithetes,* 178b.

Passe-essence. — Madame, il n'est qu'un Dieu, ... Des lumières lumière, essence *passe-essence.* Du Bartas. *La Magnificence, vers* 1189.

Passefillonner. — Elle avoit une esguille Pour *passefillonner* sa perruque subtile. 1579. G. Le Fevre, 100.

Passementeur. — Mauldictz soient ces beaulx inventeurs, Ces coyons, ces *passementeurs* De vertugalles. 1552, *dans Montaiglon.* II, 153.

Passe-nuit. — Dets *passe-nuits.* 1571. La Porte. *Epithetes,* 80.

Passerel. — Ung *passerel* dessus ung plane mit Dix passereaulx. 1549. B. Aneau. *Emblemes d'Alciat,* 161. — Godefroy, *Suppl.,* n'a pas d'exemple du XVIe siècle.

Passionnable. — Si les deus lumières célestes (ajouta Hiéromnime) estoient *passionnables.* 1557. P. de Tyard, 40.

Passionaire. — Le prudent ... doit fuir les vaines contemplations il doit donter ses *passionaires* cupiditez. 1554. Le Caron. *La Claire,* 32b.

Passionnairement. — Je penserois qu'il [Ovide] eust voulu représenter *passionnairement* le mouvement, duquel le soleil s'avance plus lentement au solstice estival. 1557. Pontus de Tyard, 40.

Pastolide. — Prince, s'il vous est agréable, Que je chemine plus avant, Rendés mon cerveau plus sçavant De vostre *Pastolide* sable. 1579. Boyssieres, 63b.

Patenostré. — Hermite *patenostré.* 1571. La Porte. *Epithetes,* 125b.

Pausian. — Ton pinceau docte, ô Miagle, à pourtraire ... Obscurcira le *Pausian* tableau. 1553. Des Autelz, B 6.

Pautonnier. — L'avoir à mary ... au lieu de ce fier et rude *pautonnier*. 1554. *Amadis*. XI, 22.

Peculierement. — La beauté est *péculièrement* appropriée à celuy qui l'ayme. 1551. Leon Hebrieu, *trad*. P. de Tyard. II, 90.

Pecuniairement. — Le roy Philipes ... feit teste au roy Jan d'Angleterre ... tout ainsi que feit le roy Françoys mon maistre alencontre de l'Empereur Charles quint et le roy Edoard, voire et un pape *pécuniairement* meslé parmy. 1555. Billon, 196. — Godefroy, *Suppl.*, n'a pas d'exemple du XVIe siècle.

Pegasin. — Virgile, Homère, estoient plus du Ciel que du monde, Vous vous baignés aussi dans la *Pégasine* onde. 1578. Boyssieres, 67.

Pegazean. — Heureus celui, auquel plaist La douceur Aristéane De laquelle te repaist La troupe *Pégazéane*. 1554. Le Caron. *La Claire*, 185.

Pegazin. — Plustot vous toute divine Des poëtes vrai honneur Méritez l'eau *Pégazine* Et Apollon pour sonneur. 1554. Le Caron. *La Claire*, 182.

Peinturage. — Je diray ... come les nuages Paroissent enflamez de meslez *peinturages*. Baïf. II, 2.

Pelisser — Qu'il [Eac] te face là bas par le trechef Cerbère, Qui fera ses trois couls en serpens hérisser, De son triple dentier asprement *pelisser*. Baïf. II, 127.

Pellemeller (se). — Chacun des dieux son géant se choisit pour son adversaire, L'étour *se pellemellant* s'eschauffe d'un effort contraire. Baïf. II, 67.

Pelte. — Le froment et le *pelte* ne furent point frappez. 1559. *La Sainte Bible*. I, 55.

Pendillonner. — Le temps mesme commande .... ja ja se pancher Sur le soc, ce-pendant que les champs secs le donnent, Et qu'en l'air menaçans les nüaux *pendillonnent*. 1584. *Virgile*, 40.

Penelopique. — Tissant ici fil à fil, je te tramerois une *Pénélopique* toile. 1584. Du Monin. *Uranologie*, 204.

Penetre-cœur. — Mes traits *pénètre-cœurs* de sang j'enyvreray. Du Bartas. *La Loy, vers* 1367.

Peniblement. — Ce qu'il a *péniblement* ozé N'a point encor mon courroux appaisé. (1565). J. Bereau, 145. — Les points qui servent de voyelles aux Hébrieux: et les accens qui *péniblemeut* se remarquent en chacune diction Grecque. 1585. Thevenin, *dans Du Bartas*, 32.

Pen-pendre. — D'où *pen-pendoyent* plusieurs petites pommes. 1553. Taillemont. *Champs faez*, 22.

Pentamorphe. — Le *pentamorphe* et le tout unissant. 1553. Des Autelz, A.

Pentemimere. — Nous allongeons la brève en la *pentémimère.* 1584. Du Monin. *Uranologie,* 201.

Penthalte. — Il fut surnommé πένθατλος *Penthalte,* comme accomply en cinq sortes d'exercices et combats. 1599. La Popeliniere, a 117.

Pepineus. — Raisin *pépineus.* 1571. La Porte. *Epithetes,* 225.

Peraner. — Si j'avois l'art de Ronsardine grâce Pour *peraner* ta luisante beauté. 1554. Le Caron. *La Claire,* 168.

Perceure. — Si le larron est trouvé en *perceure,* et est frappé, dont il meure, celui qui l'aura frappé, ne sera point coulpable de mort. 1559. *La Sainte Bible.* I, 67.

Perfectif. — Dieu est cause de l'univers, àsavoir cause efficiente, cause formelle, et cause finale: .... la finale, par *perfective* réduction. 1551. Leon Hebrieu, *trad.* P. de Tyard. II, 381.

Perfumigation. — Davantage tu feras l'autel des *perfumigations* de bois de Setim. 1559. *La Sainte Bible.* I, 78.

Peripherogramme. — Toute figure plate est ou de lignes droites ... ou bien de ligne tournée en rond, qu'ils appellent *périphérogramme.* 1557. Pontus de Tyard, 13.

Perissement. — La théologie grecque niant le *périssement* des cieus. 1557. Pontus de Tyard, 155.

Perleux. — A peine s'écartoit du ciel la froide nuict Es heures que dessus les tendres herbes luit La *perleuse* rosée au bétail aggréable. 1585. *Virgile,* 28.

Perlin. — L'obstiné cours de sa *perline* pluye. 1553. Des Autelz, Db.

Perse-criniere. — Mais si, quand Apollon tournera sa lumière Au cartier de l'Archer, le dieu *perse-crinière* Par la nuit s'en venoit les terres émouvoir. Baïf. II, 35.

Persement. — L'Est meine devant soy le troupeau mugissant Des flots *persement* blancs. Du Bartas. *Ionas, vers* 40.

Persien. — Le corps de la princesse *Persienne.* 1553. Taillemont, *Champs faez,* 276

Pertinacement. — Je ne veulx pas partant maintenir *pertinacement.* 1545. A. Pierre, 218b.

Pertuisement. — Les muscles spécialement au front ne suyvent pas les rugues, mais la longueur du corps ès palpèbres d'ung angle à autre par *pertuisement.* 1542. Canappe. *Guidon,* 93.

Pesinuntin. — La déesse *Pesinuntine* est celle que Ciceron appelle es livres des Loix la mere Idea. 1546. I. Collin. *Herodian,* A 5.

Pessinuntien. — Cybèle *Pessinuntienne.* 1571. La Porte. *Epithetes,* 74.

Pesteusement. — A l'autre, d'un Lyon. Car comme son haleine

Brûle *pesteusement*, la moissonneuse plaine Bluette sous cest astre. 1589. Du Bartas. *II Sepmaine*, 548.

Petitoirement. — Au moyen dequoy dudit droit [de patronage], s'il en est plaidé *pétitoirement*, le juge d'église est compétant. 1580. I. Papon. *Second Notaire*, 55.

Peuplace. — Me rachetant des coins de la lourde *peuplace*, Tu entoure mes flans d'un flambeau radieus. 1584. Du Monin. *Uranologie*, 194 b.

Peuplacier. — M'aiant, net, épuré du limon *peuplacier* .... Tu me fais donner los aus superbes provinces. 1584. Du Monin. *Uranologie*, 195 b.

Peupleux. — O bande aux neuf Muses sacrée, Que mon onde souvent récrée, Soit au valon de Gentilly, Soit d'Arcueil au *peupleux* rivage. Baïf. II, 440.

Phaetonniser. — Acceptez donc ses vœux, oyez son oraison, Qu'il il ne *phaëtonnise* en si brave horison, Encores qu'un beau feu solleillast de sa cendre. 1599. Lasphrise, 77.

Phaetonté. — Audacieus, à main *Phaëtontée* Je guide de Phebus la coche redoutée. 1584. Du Monin. *Uranologie*, 2.

Phantastiquement. — Médailles ... par nous controuvées *phantastiquement*, selon leur description historialle. 1553. *Le Promptuaire des medailles*. I, a 4 b.

Phantosmé. — Sa main m'estraint d'une cruelle borne, M'ensépulchrant comme un corps *phantosmé*. 1554. Le Caron. *La Claire*, 167 b.

Phidien. — Ivoire *Phidien*. 1571. La Porte. *Epithetes*, 141.

Philandre. — Iole aornait Hercules de manteau, de pellisson, de coeffe, de *philandre*, de guympe, de cœuvrechief et de chapeau. 1543. *La seconde partie du Grand Olympe des Histoires poetiques*, 54 b.

Philautie. — *Philautie* (maladie qui provient de trop nous plaire). 1585. Thevenin, *dans Du Bartas*, 67.

Philippien. — L'astre second des Césars ... Vengea le sang de son père Par les champs *Philippiens*. 1553. Des Autelz, D 2 b.

Philirien. — Les maistres plus experts vaincus quittent la place, Le centaure Chiron *Philirienne* race, Et le sage Mélampe Amithaonien. 1583. *Virgile*, 74 b.

Philoniser. — Les Anciens ... disoient: Ou Philon platonise, ou Platon *philonise*. 1599. La Popeliniere, a 352.

Philosophistorien. — Philo Alexandrin ... on l'appelle ... *Philosophistorien*, pource que ses escrits participent, tant de la philosophie que de l'histoire. 1599. La Popeliniere, a 351.

Phisionomie. — Vostre *phisionomie* mérite clémence. 1554. *Amadis*. XI, 23.

Phlegetontean. — Pluton *Phlégétontéan.* 1571. La Porte. *Epithetes,* 210b.

Phoebien. — Sois-tu vif escorché comme le fol satyre Dont la fluste assaillit la *Phœbienne* lyre. Baïf. II, 124.

Phrenetique. — Errant tout seul, ainsi qu'ung *phrénétique.* 1545. H. Salel. *Iliade,* 201.

Piaculaire. — Les susdicts se sentans offensez descendirent en tant *piaculaire* forfait, qu'ils aymèrent plus cher conserver ceste ville aux ennemys de la foy. 1573. Du Preau, 409.

Pié-ailé. — Il fait chevaux élire, ... Qu'à tous les Troïens d'ordre il commande en présents *Piés-ailés* emmener. 1583. *Virgile,* 212.

Pié-d'airin. — Apolon ... Précipité descend ... Roulant et renversant son chariot troublé, Et lors désatelant du feint tymon infâme Ses coursiers *pié-d'airin,* qui vomissent la flame. 1578. G. Le Fevre. *Hymnes,* 200 b.

Pied-fourré. — Lièvre *pied-fourré.* La Porte. *Epithetes,* 149.

Piedebouc. — Pan *piedebouc,* couronné de rocquette. 1549. B. Aneau. *Emblemes d'Alciat,* 94.

Pietonnier. — Soldat *piétonnier.* 1571. La Porte. *Epithetes,* 247b.

Pignotter. — Frisottez, *pignottez,* tortillottez cest or. 1599. Lasphrise, 312.

Pigricité. — Les mélencoliques ... pour *pigricité* et tardiveté du terrestre humeur premier s'exposent à mourir que de laisser amour. 1535. *Le Peregrin,* 143b.

Pimblean. — Mon livre ... Comment périrois-tu? ta route est lumineuse Ayant pour ton phanal mon Bernard. d'Orléans Décorant ton beau front par les rays *pimbléans* Qui flambent éternels d'une ardeur gracieuse. 1599. Lasphrise, 150.

Pinarien. — Race *Pinarienne,* Du service d'Hercul fidèle gardienne. 1583. *Virgile,* 232.

Pindien. *Voir* Parnasside.

Pinier. — A la grecque troupe Enclose au ventre creux, le cauteleux Sinon Ouvrit secrètement la *pinière* cloison. 1583. *Virgile,* 115.

Pinsetter. — Qu'un vautour à jamais luy *pinsette* le cœur. 1578. La Meschiniere. *Ceocyre,* 18.

Piquon. — Le grand hérisson ... ha les *piquons* moiens. 1558. Rondelet. I, 417.

Piquoteur. — Passereau *piquoteur.* 1571. La Porte. *Epithetes,* 196b.

Piscantin. — Ce lucz, formé comme nef *piscantine.* 1549. B. Aneau. *Emblemes d'Alciat,* 30. — Cotgrave a Piscantine. A kind of small, or well-watered wine.

Pithionique. — *Voir* Olympionique.

Pitiable. — Ses deux yeux effundoient incessamment larmes *pitiables.* 1551. F. Le Roy. *Le Mirouer de penitence.* II, M 8b.

Placable. — Donnez moy une langue *placable*, véritable. 1511. F. Le Roy. *Le Mirouer de penitence.* II, C 6.

Plagielle. — Je guindé ma voile, et comme un *plagielle* Je me sauvé des flots venant plus glorieux. 1599. Lasphrise, 172.

Plaideus. — Promoteur *plaideus.* 1571. La Porte. *Epithetes*, 220b.

Plaintivement. — Ces pauvres gens ... sont icy introduits par David, et par Jérémie, et Baruch, en esprit de prophétie, lamentans fort *plaintivement* leurs calamitez et désastres. 1588. Vigenere. *Le Psaultier*, 279b.

Plaisant-vert. — Qui encourtineroit d'ombrages *plaisans-vers* Le cristal des ruisseaux? 1583. *Virgile*, 31b.

Plantanimees. — Le miracle des zoophites, que nous pouvons nommer *plantanimées.* 1557. Pontus de Tyard, 109.

Plante-vigne. — Janus, Noé *plante-vigne.* 1571. La Porte. *Epithetes*, 131b, 178.

Planteux. — Un *planteux* d'aulx, un sabottier. 15.., *dans Montaiglon.* II, 215.

Platteformer. — Voir ... Creuser une tranchée, arranger barricades, *Platteformer*, miner, donner escoupetades. 1578. Boyssieres. 67b.

Platonizer. — Cette contemplation, qui embloit le sentiment de mon corps, contentoit aucunement mon esprit, lequel en indicible ravissement jusques aus secretz des idées *platonizoit.* 1554. Le Caron. *La Claire*, 1b. — *Voir* Philoniser. — Godefroy, *Suppl.*, a un exemple de 1587.

Plaudissement. — A ces *plaudissemens* joyeux D'Echon les rochers envieux De tous costez rebondissent. Baïf. II, 306.

Plitonner. — Les rides ne feront Sur le front *Plitonner* la peau nouvelle. 1578. G. Le Fevre. *Hymnes*, 107b.

Plombeux. — Dessous deux yeux meurdris en face marmiteuse, Quelque part qu'il se monstre une paleur *plombeuse* Monstrera que son cœur enflé de trahison Se paist incessamment d'une aveugle poison. Baïf. II, 110. — Les cuirs de sept grands bœufs Se roidissoient d'un fer, et d'un fardeau *plombeux* Entre-cousu dedans. 1583. *Virgile*, 173.

Ploustreus. — Herse *ploustreuse.* 1571. La Porte. *Epithetes*, 126.

Plurier. — Le simple est tousjours plus antique, et premier, Que n'est le composé: et un seul, qu'un *plurier.* 1571. G. Le Fevre. *Encyclie*, 87.

Plutarquin. — Histoire *plutarquine.* 1571. La Porte. *Epithetes*, 127b.

Plutonien. — Mes larmes n'aiant mon soleil darde-feu Roidiront en glaçons l'onde *Plutonienne.* 1579. Du Monin, 49.

Pneumatisé. — Orgues *pneumatisez*, ou bien hydraulisez. 1578. G. Le Fevre. *Galliade*, 40.

Poeneen. — Le caut nocher *Poenéen* craint le gord Bosphoréen, Et non aultre destinée. 1584. *Horace* . *Odes*, 53.

Poetrice. — Myrtide *poetrice* sous l'Olymp. 65. 1599. La Popeliniere, a 121. — Cotgrave a Poetride,? faute d'impression.

Poignamment. — Javelot *poignamment* infaillible. 1599. Lasphrise, 366.

Polluxean. — Escrimeur *polluxéan*. 1571. La Porte. *Epithetes*, 92b.

Poltronneusement. — François de Lorraine ... a ... receu couronne de martyre, ayant esté par les hérétiques Calvinistes traitreusement et *poltronneusement* meurtry. 1585. Thevenin, *dans* Du Bartas, G g 2 b.

Pomaie. — Les ombreux vergers du grec Tiburne, et la *pomaie* ronde Moite de ruz légers. 1584. *Horace* . *Odes*, 11.

Pommage. — Nous avons du *pommage* Doux et bon à manger. 1583. *Virgile*, 13.

Porphyreus. — *Voir* Desorguillir . Encendroier.

Port'-archet. — Eraton *port'-archet* piés, vers et face encore Branle avecques mesure. 1583. *Virgile* . *Epigrammes*, 5 b.

Port-armes. — Automédom le *port-armes* de Pyrrhe. 1583. *Virgile*, 120 b.

Porte-barbe. — Visage *porte-barbe*. 1571. La Porte, *Epithetes*, 280.

Porte-bas. — Mulet *porte-bas*. 1571. La Porte. *Epithetes*, 172b.

Porte-basteau . Porte-bateau. — Rivière *porte-basteau*. 1571. La Porte. *Epithetes*, 231 b. — Les flots *porte-bateaux* de la mer poissonnière. 1585. Du Bartas, 259.

Porte-bled. — Beauce porte-bled. 1571. La Porte. *Epithetes*, 33.

Porte-bouquet. — Hymen *porte-bouquet*. 1571. La Porte. *Epithetes*, 130.

Porte-bource. — Judas *porte-bource*. 1571. La Porte. *Epithetes*, 140.

Porte-bouteille. — Sommeiller *porte-bouteille*. 1571. La Porte. *Epithetes*, 248 b.

Porte-brandon. — Les beaux yeux de mon cœur ... sont plus eslevez comme estant throsne sainct Au dieu *porte-brandon*, qui m'enflammant m'esteint. 1599. Lasphrise, 19.

Porte-caducaee. — Le *porte-caducaee* obscurcit l'horison Par jussion des dieux jaloux de ma maistresse. 1599. Lasphrise, 19.

Porte-cappes. — Espagnols *porte-cappes*. 1571. La Porte. *Epithetes*, 93 b.

Porte-canon. — Rempart *porte-canon*. 1571. La Porte. *Epithetes*, 228 b.

Porte-carquan. — Col *porte-carquan*. 1571. La Porte. *Epithetes*, 63.

Porte-carquois. — Phœbe *porte-carquois.* 1571. La Porte. *Epithetes,* 204b. — La part que s'estendant Perse *porte-carquois* Clot de son voisinage. 1583. *Virgile,* 82. — J'irai au vol de vostre plume Voir ... le Gelon *Porte-carquois.* 1584. *Horace,* 69.

Porte-cedre. — Liban *porte-cèdre.* 1571. La Porte. *Epithetes,* 148.

Porte-chandelle. — La sœur à Phébus de nuict *porte-chandelle.* 1578. La Meschiniere. *Ceocyre,* 18.

Porte-charge. — Cheval *porte-charge.* 1571. La Porte. *Epithetes,* 57 b.

Porte-chaud. — Le feu donne clarté, *porte-chaud,* jette-flamme. 1585. Du Bartas, 182.

Porte-Christ. — Croix *porte-Christ.* 1571. La Porte. *Epithetes,* 72 b.

Porte-clairté. — Phaëton, conducteur du char *porte-clairté.* 1578. Boyssieres, 14.

Porte-clef. — Saint Pierre *porte-clef.* 1571. La Porte. *Epithetes,* 206.

Porte-corde. — Toiseur *porte-corde.* 1571. La Porte. *Epithetes,* 263 b.

Porte-corne. — Les douze signes célestes ... Le *porte-corne* bouc. 1583. *Virgile, Epigrammes,* 14.

Porte-couronne. — Roy *porte-couronne.* 1571. La Porte. *Epithetes,* 235.

Porte-crin. — Phœbus, Cypris, l'Aurore (Ange du plaisant jour) Ton poëte, ta mère, et ta cousine amour, *Porte-crins,* porte-rais, porte-doigts aggréables. 1599. Lasphrise, 7.

Porte-croix. — Jésus-Christ *porte-croix.* 1571. La Porte. *Epithetes,* 133 b. — Christ *porte-croix,* donne jour, Tout-puissant ... Je te supplie. 1578. G. Le Fevre. *Hymnes,* 117. — Godefroy, *Suppl.,* a des exemples de Du Bartas et d'Aubigné.

Porte-cypres. — Ide *porte-cypres.* 1571. La Porte. *Epithetes,* 132 b.

Porte-dam. — Soit que la Balance aequitable, Ou le Scorpion redoubtable, Astre à mon naistre *porte-dam,* Par ses regardz ma vie borne. 1584. *Horace . Odes,* 58.

Porte-dard. — La Sabine jeunesse elle a dedans ses flancs Généreuse portée, et les Marses vaillants, ... Et le *porte-dard* Volsque. 1583. *Virgile,* 51 b.

Porte-devise. — Hoqueton *porte-devise.* 1571. La Porte. *Epithetes,* 128.

Porte-doigts. — *Voir* Porte-crin.

Porte-dueil. — Elle, ces mots finis, horrible dévalla Sur terre, et Alecton *porte-dueil* appella. 1583. *Virgile,* 213 b.

Porte-éclers. — Ha je sens les poinçons En mon cœur pantelant, je sens les éguillons D'un esprit *porte-éclers.* 1579. Du Monin, 19.

Port-encens. — Tout arbre a son terroir. Le seul païs Indois porte l'ébène noir Le rameau *port-encens* le Sabéen royaume. 1583. *Virgile* 50b.

Port-Epicicle. — Son mouvement en l'Epicicle (ce qui ha lieu en Saturne et Jupiter) est plus vite que celui du *port-Epicicle.* 1557. Pontus de Tyard, 33.

Port-epy. — Le Cancre au bril gêmé, le Lyon redoutable, La vierge *port-epy.* 1583. *Virgile . Epigrammes,* 14b.

Porte-escaille. — Je chante ... ce dieu Qui allume souz l'eau, le poisson *porte-escaille.* 1578. Boyssieres, 45.

Porte-estoilles. — Ciel *porte-estoilles,* estoillé. 1585. Thevenin, *dans* Du Bartas, 4.

Porte-faine. — Hestre *porte-faine.* 1571. La Porte. *Epithetes,* 99.

Porte-faulx . Porte-faus . Porte-faux. — Le grifon *porte-faux,* qui pour voller s'emplume, Donne donq estre, et fin, à la plus dure enclume. 1579. Boyssieres. *Continuation des Secondes Oeuvres,* 50. — Le vieillard *porte-faus* en son frilleu séjour Ne m'a véué, trenchant le fil du vital jour. 1579. Du Monin, 11. — Le bon père Janus, ceste-cy, ceste-la Le *porte-faux* Saturne a fondateur bastie. 1583. *Virgile,* 234. — Soit que la Balance aequitable, ..., Par ses regardz ma vie borne: Ou le *porte-faulx* Chèvre-corne, De l'onde Espaignole tyran. 1584. *Horace . Odes,* 58.

Porte-fer. — Je vous ay fait icy sa plainte et doléance, Vous requérant secours, non d'un camp *porte-fer,* Mais seulement d'un don. 1578. Boyssieres, 25. — Ce dieu *porte-fer* tient ma vie oppressée. 1599. Lasphrise, 147.

Porte-feu. — Orage *porte-feu.* 1571. La Porte. *Epithetes,* 185. — Ses chars *porte-feux* du grand gouffre salé Le soleil a haussez. 1583. *Virgile. Epigrammes,* 13.

Porte-flambe. — S'il est de feu, et *porte-flambe.* 1549. Aneau. *Emblemes d'Alciat,* 139.

Porte-fleche. — Trousse *porte-fleche.* 1571. La Porte. *Epithetes.* 268b.

Porte-framboise. — Roncière *porte-framboise.* 1571. La Porte. *Epithetes,* 233.

Portefroid. — L'Aquilon *portefroid.* (1555). J. Peletier, *dans* Du Verdier. IV, 300.

Porte-froidure. — A fin de prévoir par seures conjectures Les pluyes, les chaleurs, et vents *porte-froidures.* 1583. *Virgile,* 43b.

Porte-froment. — Toy qui d'un pain divin te pais journellement, Pour qui dure tout l'an l'Esté *porte-froment.* Du Bartas. *La Loy vers* 752.

Porte-fruict . Portefruit. — Par les chams despouillez le *porte-fruit* Automne Montre son chef orné d'une riche couronne. Baïf.

II, 9. — Au front d'une croupe Les chesnes aïriens, et *porte-fruicts* cyprez S'élèvent. 1583. *Virgile*, 144b. — La saison A l'an *porte-fruictz* cruelle. 1584. *Horace. Odes*, 91. — *Voir* Porte-grains.

Porte-germe. — Nature *porte-germe.* 1571. La Porte. *Epithetes*, 175.

Porte-gland. — Ieuse *porte-gland.* 1571. La Porte. *Epithetes*, 134. — Près une touche de bois verdoyoit de *porteglans* chesnes. Baïf. II, 70. — L'arbre *porte-gland* Du Chaonien père. 1583. *Virgile*, 49.

Porte-grains. — Je te saluë, ô terre, ô terre *porte-grains*: Porte-or, porte-santé, porte-habits, porte-humains, Porte-fruits, porte-tour, alme, belle, immobile. 1585. Du Bartas, 325.

Porte-guestre. — Il fault que toutz toutz nous homes, . . ., Soit laboureurs *porte-guestre*, Ramions les bordz Tartarez. 1584. *Horace. Odes*, 54.

Porte-habits. — *Voir* Porte-grains.

Porte-hellebore. — Oeté *porte-hellébore.* 1571. La Porte. *Epithetes*, 181b.

Porte-humains. — *Voir* Porte-grains.

Porte-jour. — Le dieu dompte-Pithon, guide-Sœurs, *porte-jour.* 1579. Boyssieres. *Continuation des Secondes Œuvres*, 9. — Allon hors du séjour, Dès le naistre premier de l'astre *porte-jour*, Prendre le frais des champs. 1583. *Virgile*, 69.

Portelaine. — Je vy troys feus sus le chef d'or luisant De l'animal cornu, et *portelaine.* 1553. Des Autelz, Cb. — Cinq troupeaux *porte-laine* au toict retournoient siens. 1583. *Virgile*, 218b.

Porte-lance. — Corsaire *porte-lance.* 1571. La Porte. *Epithetes*, 70b. — Godefroy, *Suppl.*, a un exemple de Monluc.

Porte-laurier. — Phoebus, Vaincueur *porte-laurier.* 1571. La Porte. *Epithetes*, 204b, 271.

Porte-lettre. — Messagier *porte-lettre.* 1571. La Porte. *Epithetes*, 165.

Porte-lierre. — Jacche, Thyrse *porte-lierre.* 1571. La Porte. *Epithetes*, 130b, 262.

Porte-ligne. — Pescheur *porte-ligne.* 1571. La Porte. *Epithetes*, 202.

Porte-lis. — Dieu, mon Dieu, ... Tu verses les torrens de tes aspres vengeances Sur le champ *porte-lis.* Du Bartas. *Les Trophées*, *vers* 1087.

Porte-livre. — Poulpitre *porte-livre.* 1571. La Porte. *Epithetes*, 215.

Porte-livrée. — Laquay *porte-livrée.* 1571. La Porte. *Epithetes*, 145.

Porte-loix. — Offrir Des oüailles de choix à la *porte-loix* Cere. 1583. *Virgile*, 147b.

Porte-luth. — Du dieu *porte-luth* les sacrez nourrissons. 1585. Du Bartas, 476.

Porte-lyre. — Si vont . . . Offrir Des oüailles de choix . . . . A Phoebus *porte-lyre*, et au Lyéen père. 1583. *Virgile*, 147b.

Porte-maison. — Limaçon *porte-maison.* 1571. La Porte. *Epithetes*, 149.

Porte-marotte. — Sot *porte-marotte.* 1571. La Porte, *Epithetes*, 250.

Porte-masque. — Caresme Prenant *porte-masque.* 1571. La Porte. *Epithetes*, 47.

Porte-masse. — Soyent tes hostes plus doux, Cercyon d'Eleusine, Le géant *porte-masse*, ou le courbepin Sine. Baïf. II, 122.

Porte-monstre. — Pasiphé *porte-monstre.* 1571. La Porte. *Epithetes*, 195b.

Porte-montre. — Horloge *porte-montre.* 1571. La Porte. *Epithetes*, 128b.

Portemort. — D'un baudrier cloué d'or ceignit son espaule en escherpe, D'où pendoit un coutelas luné en façon d'une serpe, Un coutelas *portemort.* Baïf. II, 68. — Au sueil opposé La guerre *porte-mort* a son siège posé. 1583. *Virgile*, 190b.

Port'-encens. — Sabée *port'-encens.* 1571. La Porte. *Epithetes*, 236.

Porte-nectar. — Noé . . . plante soigneusement Du sep *porte-nectar* le fragile sarment. 1589. Du Bartas. *II Sepmaine*, 347.

Porte-neige. — D'elles [les chèvres] tu chasseras l'injure de la glace, Et des vents *porte-neige.* 1584. *Virgile*, 68b.

Port'enfant. — Ventre *port'enfant.* 1571. La Porte. *Epithetes*, 274.

Porte-nouvelles. — Messagier *porte-nouvelles.* 1571. La Porte. *Epithetes*, 165.

Porte-nue. — Mont *porte-nue.* 1571. La Porte. *Epithetes*, 170. — Devers le pôle arctic souffle le fier Borée L'Affricain *porte-nue* aspire à l'autre orée. 1578. G. Le Fevre. *Hymnes*, 177b. — Ils se sont . . . efforcé, . . . la cime fueillue De l'Olympe rouler sur Osse *porte-nue.* 1583. *Virgile*, 42.

Porte-or. — *Voir* Porte-grains . Porte-perle.

Porte-ordre. — Qui fait tourner en rond la *porte-ordre* palombe. Du Bartas. *La Magnificence*, 622.

Porte-paix. — Ainsi nourry la grasse et *porte-paix* olive. 1583. *Virgile*, 57b.

Porte-palme. — M'enquérir . . . Quelle gloire en receut . . . . Ce brave conquéreur, ceste main *porte-palme.* 1578. Boyssieres, G 2b.

Porte-pampre. — Jà les vignobles sont liez: jà tréve donne L'arbrisseau *porte-pampre* à la faux vigneronne. 1583. *Virgile*, 57b.

Porte-perle. — Jusqu'au flot encor De Zeilan *porte-perle*, et Bisnagar porte-or. 1589. Du Bartas. *II Sepmaine*, 431.

Porte-peste. — Des piolez serpens la race *porte-peste.* 1589. Du Bartas. *II Sepmaine*, 507.

Porte-pin. — Pélion *porte-pin*. 1571. La Porte. *Epithetes*, 199b. — Les lauriers l'ont ploré, ploré les tamaris, Et gisant sous un roc solitaire, marris, Le *porte-pin* Ménale et les rocs de Lycée. 1583. *Virgile*, 33.

Porte-pique. — Soldat *porte-pique*. 1571. La Porte. *Epithetes*, 248.

Porte-plaïe. — L'acier *porte-plaïe* au creux fourneau se fond. 1583. *Virgile*, 236b.

Porte-pluye. — Quand s'enfuit hâté Le printemps *porte-pluye*. 1583. *Virgile*, 42b.

Porte-poix. — Les arbres *porte-poix* et les yfs de nature Nuisible quelque fois, et les hyerres noirs, Seuls les traces monstrer peuvent des froids terroirs. 1583. *Virgile*, 53b.

Portepomme. — Autour de luy estoit premièrement une bende de Macédoniens, tous en habillement de guerre et une aultre de Persiens qui estoient appellez *portepommes*. 1530. Cl. de Seyssel. *Diodore*, 14b. — Les hommes, Qui regardent les murs d'Abelle *portepommes*. 1584. *Virgile*, 223.

Porte-proie. — Dos *porte-proie*. 1571. La Porte. *Epithetes*, 87.

Porte-quadreles. — Tu fais venir aux coups l'Amour *porte-quadreles*. 1589. Du Bartas. *II Sepmaine*, 249.

Porte-radeaux. — Son eau *porte-radeaux* durant quatre ou cinq mois Vingt et quatre fois naist, meurt vingt et quatre fois. 1585. Du Bartas, 269.

Porte-rais. — *Voir* Porte-crins.

Porte-raisin. — Cep de vigne, Sarment *porte-raisin*. 1571. La Porte. *Epithetes*, 50b, 239.

Porte-santé. — *Voir* Porte-grains.

Porte-saphirs. — Biberon *porte-saphirs*. 1571. La Porte. *Epithetes*, 36.

Porte-saules. — Marescage *porte-saules*. 1571. La Porte. *Epithetes*, 158.

Porte-sceptre. — Roy *porte-sceptre*. 1571. La Porte. *Epithetes*, 234b. — Il fault que toutz toutz nous homes Qui vivons, ... Soit empereurs *porte-sceptre*, ..., Ramions le bordz Tartarez. 1584. *Horace. Odes*, 54.

Porte-serpent. — Cest astre s'appelle en Grec ὀφιοῦχος *Porte-serpent*. 1585. Thevenin, *dans* Du Bartas, 378.

Portesigne. — En ce cercle .... nommé Zodiaq, ou imagé, ou *portesigne*. 1557. Pontus de Tyard, 25.

Portesommeil. — Pour sa playe oster Son chant *portesommeil* ne luy peut profiter. 1583. *Virgile*, 223b.

Porte-soye. — D'un sanglier *porte-soye*, humble Mycon t'apend La hure. 1583. *Virgile*, 26b,

Port'espée. — Mars *port'espée*. 1571. La Porte. *Epithetes*, 159b.

Port'espi. — Ivraie, Sarriette *port'espi.* 1571. La Porte. *Epithetes,* 141b, 239.

Port'-espieu. — Veneur *port'espieu.* 1571. La Porte. *Epithetes,* 272b.

Port'espine. — Buisson *port'espine.* 1571. La Porte. *Epithetes,* 42b.

Porte-torche. — Erinne, Hymen *porte-torche.* 1571. La Porte. *Epithetes,* 90b, 130.

Porte-tours. — *Voir* Porte-grains.

Porte-trait. — D'un long ordre vaincus marchent les peuples fiers . . . Icy les Lelegeois, les Gélons *porte-traits.* 1583. *Virgile,* 243.

Porte-trident. — Neptune *porte-trident.* 1571. La Porte. *Epithetes,* 176b. — Sous ta guide, grand Dieu, par les vagues salées Du dieu *porte-trident,* sans voiles déployées J'ai fait voiles flotant. 1579. Du Monin, 14. — Laocon d'aventure Eleu pour exercer la sacrificature Du dieu *porte-trident.* 1583. *Virgile,* 113b.

Porte-trompette. — Triacleur *porte-trompette.* 1571. La Porte. *Epithetes,* 261b.

Porte-trousse. — Emmy l'estour sanglant l'Amasonne s'égaye, . . ., Camille *porte-trousse.* 1583. *Virgile,* 300.

Porte-venin. — Le cruel Lyon suit, et après luy s'avance La sainte vierge astrée, et l'égale balance, Puis le *porte-venin* à l'aiguillon croché. 1583. *Virgile. Epigrammes,* 15b.

Porte-verge. — Huissier, Mercure *porte-verge.* 1571. La Porte. *Epithetes,* 129b, 164.

Porte-verjus. — Treille *porte-verjus.* 1571. La Porte. *Epithetes,* 266b.

Porte-viande. — Escuelle, plat *porte-viande.* 1571. La Porte. *Epithetes,* 92b, 209.

Porte-vie. — Zéphire *porte-vie* halenant gracieux Descend d'où le soleil se cache de noz yeux. 1578. G. Le Fevre. *Hymnes,* 177b.

Porte-voile. — Du plus haut de l'air Juppin baissa la face Sur la mer *porte-voile,* et sur la terre basse. 1583. *Virgile* 95b. — Ja ni les prez transissent mols, Ni de neige hyverneuse gros Bruient les fleuves *porte-voiles.* 1584. *Horace. Odes,* 121.

Porte-vouge. — Chasseur *porte-vouge.* 1571. La Porte. *Epithetes,* 55b.

Portes-aeles. — Toy puis après prudement les révèles Aux ordres enssuyvans Et tout soudain les courriers *portes-aeles* . . . De main en main les portent. 1578. G. Le Fevre. *Hymnes,* 151.

Port'-huyle. — La terre en gras blés y foisonne fertile, En massique liqueur, et en l'arbre *port'-huyle.* 1583. *Virgile,* 51.

Port'-olive. — D'Amyterne partant suivoit son étandard Une

grande cohorte, . . ., D'Erete la gent toute, et celle qui habite Mutusque *port'-olive.* 1583. *Virgile,* 222b.

Port'-ombre. — En fin elle s'est mise, S'arrachant ennemie, en fuite dans le fond De la forêt *port'-ombre.* 1583. *Virgile,* 195.

Port'-urne. — La figure du Bouc de la plaine marine, Le *port'-urne,* et luisants deux poissons sous un signe. 1583. *Virgile. Epigrammes,* 15.

Portulaigue. — De la cure de herpes. La cure a trois intentions . . . La tierce . . . avec choses qui deseichent et non pas avec laictues ne *portulaigues,* mais avec la tendresse de la vigne. 1542. Canappe. *Guidon,* 75.

Possessoirement. — S'il y a de la Publiciane, ou bien si l'on se pourvoit *possessoirement* par une réintégrande. 1580. I. Papon. *Second Notaire,* 156.

Posteriorité. — Motz qui signifient (si je puis ainsi parler) *posteriorité.* 1553. Des Autelz, I 4b. — Godefroy, *Suppl.,* a des exemples de N. Gilles et Cholières.

Poucier = Poussier. — Tout le *poucier* de la terre fut converti en pouls. 1559. *La Sainte Bible.* I, 54.

Poulier. — Hénoc le dédié Fut transporté d'icy, et là haut *poulié.* 1571. G. Le Fevre. *Encyclie,* 129. — Inconstante fortune, . . . Qui fais les roys chétifz, et or les chétifz, rois: . . . En haut les *pouliant* pour bas les renverser. 1579. G. Le Fevre. *Meslanges,* 57.

Poupeus. — Quenouille *poupeuse.* 1571. La Porte. *Epithetes,* 223.

Pourprer. — Celui ce croi-je impieux . . . Du sang d'un hoste, de nuict *Pourpra* son toict homicide. 1584. *Horace . Odes,* 52. — Godefroy, *Suppl.,* a des exemples antérieurs au XVIe siècle.

Pourprin. — Le roy de Mégare . . . perdit le crin Qui luisoit en son chef fatalement *pourprin.* Baïf. II, 121. — Ces monts de laict, ou de couleur *pourprine* Nichent dessus deux rubis prétieux. 1579. Pontoux, 18.

Pourprir. — Sur le sueil de l'huys Athamas s'assist, et *pourprist* toute l'entrée. 1543. *La premiere partie du Grand Olympe des Histoires poetiques,* 57. — Cotgrave a Pourprins.

Pourprissant. — Tost que l'aube *pourprissant* Du soleil avant-courière A l'atlage gravissant Eut débaclé la barrière. Baïf. II, 136. — Comme le saux ployant cède au palle olivier, Comme l'humble lavende au *pourprissant* rosier. 1583. *Virgile,* 21b.

Pourtraieur. — J'ai eu affaire avec *pourtraieurs* é tailleurs. 1558. Rondelet. II, 181.

Pourvoyance. — Joseph commanda . . . qu'on leur donnast *pourvoyance* pour la voye. 1559. *La Sainte Bible.* I, 39.

Pousse-terre. — Neptune *pousse-terre.* 1571. La Porte. *Epithetes,* 176b.

Poussotter. — Puis ores il pétrist *poussottant* ses genoux, Qui sont mignardelets. 1599. Lasphrise, 311.

Poutis. — Un petit cabinet joignant la chambre, et seulement séparé d'icelle par un *poutis* fort mince. 1553. Taillemont. *Champs faez*, 246.

Pouvrelet. — Ne connoissoit il pas que s'il vous eut à l'heure Prinse dans ses lacetz sa proye fut meilleure Que de moy *pouvrelet*. 1579. Pontoux, 177.

Praesigner. — Le daulphin aime l'homme, luy *praesigne* la tourmente à venir. 1549. B. Aneau. *Emblemes d'Alciat*, 175.

Prasine. — En autre manière quant cholère non naturelle vitelline est aduste au foye ou en l'estomach ou es veines, et est faicte *prasine* ou erugineuse. 1542. Canappe. *Guidon*, 72.

Preceptrice. — La loi . . . par aucuns . . . est entendue pour une droite et constante raison, *préceptrice* du juste et expultrice de l'injuste. 1554. Le Caron. *La Claire*, 20b.

Precipiteusement. — J'escrits mes lettres tousjours en poste, et si *précipiteusement*, que quoy que je peigne insupportablement mal, j'ayme mieux escrire de ma main, que d'y en employer un'autre. Montaigne, *éd. Courbet-Royer*. I, 323.

Predicamental. — Captieuse, sophistique, et *prédicamentale* dispute. 1554. Le Caron. *La Claire*, 7.

Predonairement. — Contre eux crient le ciel et la terre . . . . La terre, pour voir ainsi mauvaisement varier et confondre le bien terrien, et en frustrer et despouiller ceux à qui il appartient, et *prédonairement* et injustement l'adjuger à autres. 1580. I. Papon. *Second Notaire*, 142.

Prefation. — Caton l'aisné voulant, en une assemblée, persuader au peuple à départir le blé par testes, commença sa *préfation* en ceste manière. 1549. *Erasme Apophthegmes, trad.* Macault, 636.

Preferir. — Ceux de l'isle de Ponte *préférissent* (sur toutes autres viandes) le panic. 1548. B. Aneau. *Baptiste Platine*, 241.

Preleu. — Après l'œuvre total *préleu*, reveu, correct, et émendé. 1549. B. Aneau. *Emblemes d'Alciat*. 8.

Preme. — Faire les bons, non seulement par crainte de péne, mais aussi par exhortation de *préme*. 1554. Le Caron. *La Claire*, 41b.

Premiation. — Les autres avec appétis sensuelz ont par force gaigné quelque *prémiation* de renommée. 1535. *Le Peregrin*, 231b.

Premier-mouvant. — Près du *premier-mouvant* la grand'Sfère estoilée Va d'un contraire tour par son ange ébranlée. Baïf. II, 5.

Preparateur. — Les officines des *préparateurs* et distribueurs de ceste marchandise. 1547. *Vitruve*, 108b.

Preposterement. — L'on peut dire et monstrer, que le demandeur n'a observé l'ordre qu'il faloit, et que précipitamment ou *pré-*

postèrement il agit et commence par là où il faloit finir. 1580. I. Papon. *Second Notaire*, 614.

Presentialement. — Je devins ... enclin à l'art oratoire, ... à cause de l'estimation que j'avoye de ta doctrine et vertu, et de la réputation que j'en euz *présentialement.* J. Le Maire. II, 256.

Pretoire. — Stipulation *prétoire.* 1585. I. Papon. *Premier Notaire*, 172.

Priameen. — O par sur toute seule heureuse, et fortunée Vierge *Priaméenne* à mourir condamnée Sur l'hostile tombeau. 1583. *Virgile*, 136b.

Prienien. — Myro *Prienien*, laissa la guerre des Messéniens en prose. 1599. La Popeliniere, a 121.

Prim-renouveau. — Gyge ... que ... au *Prim-renouveau* Te ramèneront les soupirs Des tièdes-gracieux zéphyrs. 1588. *Horace. Odes*, 45b.

Prime-veré. — Si le printemps encor n'estoit *prime-veré*, Esmaillé, tapissé. 1578. Boyssieres, G 4.

Printannal. — Quand le soleil entrant la toison *printannale* Du mouton d'or fera la nuit au jour égale. Baïf. II, 34.

Printannin. — De coudres une courtine Deffendoit ... la verdeur *printannine* Contre l'esté violant. Baïf. II, 45.

Printemnier. — Reconnaissez vous donc tandis que la lumière Illumine noz cœurs d'une ardeur *printemnière.* 1599. Lasphrise, 174.

Prisque. — Les dieux *prisques* et anciens. 1541. Macault, 5.

Privilegier. — Nature a bien voulu honorer et *privilégier* son homme. 1562. Du Pinet. *Pline.* I, 72. — En ce sens, Godefroy, *Suppl.*, a un exemple de 1480.

Problematiquement. — Le poëte ayant *problématiquement* mis en jeu diverses raisons tirées de l'opinion des philosophes, en fin il résout chrestiennement. 1585. Thevenin, *dans* Du Bartas, 659.

Procelleux. — *Procelleux* et tempestueux ventz. 1535. *Le Peregrin*, 6.

Procurateur. — Mercure est *procurateur* des substances. 1551. Leon Hebrieu, *trad.* Pontus de Tyard. I, 231.

Proditoirement. — De l'exécution faite de celuy qui a *proditoirement* tué le dit sieur de Guise. 1563, *dans La Bouralière. L'Imprimerie ... à Poitiers au XVI*[e] *siècle*, 182.

Productif. — Puis que Chaos est sans forme et imparfait, il luy fault assigner une cause *productive.* 1551. Leon Hebrieu, *trad.* P. de Tyard. II, 133. — Godefroy, *Suppl.*, a un exemple de Chastellain.

Profondir. — Peut-estre enquerras-tu, combien tu dois en bas Les fosses *profondir.* 1583. *Virgile*, 54b. — Cotgrave a Profonder.

Progression. — L'amour ayant *progression* de son action. 1551. Leon Hebrieu, *trad.* P. de Tyard. II, 74. — Godefroy, *Suppl.*, a un exemple de 1292.

Promethide. — La nature ordonna que le sang *Promêthide* Les pierres espandit dedans le monde vuide. 1583. *Virgile*, 36b.

Proportionnable. — Je ne fais doute qu'il ne soit très nécessaire et infallible: que aucune chose créée ne soit *proportionnable* en beauté, avec le Créateur. 1551. Leon Hebrieu, *trad.* Pontus de Tyard. II, 178.

Prosne-faiseur. — Vicaire *prosne-faiseur*. 1571. La Porte. *Epithetes*, 277.

Protraction. — Lachésis, est à dire *protraction*, qui est la production du futur: et est celle qui estend le fil qui reste à filler en la roue. 1551. Leon Hebrieu, *trad.* P. de Tyard. I, 201.

Prouelle. — Toutefois sans bateau, sans aviron, sans voile, Du Charybde glouton j'ai franchi ma *proüelle*. 1579. Du Monin, 14.

Prouvable. — Chose vrayment qui est *prouvable* et évidente. 1557. Pontus de Tyard, 32.

Prouvoieur. — Maistre *prouvoieur*. 1571. La Porte. *Epithetes*, 155b.

Proverbialement. — Aurem vellit. Tirer l'oreille *proverbialement* pour amonester. 1555. R. Le Blanc. *Virgile*, L 3b. — Cela croy je est l'occasion, que *proverbialement* l'on dit, Tu dois prendre jeune procureur et vieil médecin. 1580. I. Papon. *Second Notaire*, 127.

Proverbieur. — Privilèges, ... dont jouissent les vrais subjects ..., sans qu'aucun Zoïle et mesdisant *proverbieur* luy face empeschements. 1584. *Horace* . *Odes*, ã 4.

Provisionnellement. — Le poisson n'est pas mis [au gardoir] pour fructifier, mais seulement pour estre conservé et gardé *provisionnellement*. 1585. I. Papon. *Premier Notaire*, 83.

Provocatif. — Les [melons] ronds sont plus notables, plus colatifz, et *provocatifz* de l'urine. 1548. B. Aneau. *Baptiste Platine*, 35.

Prune-amande. — Quant aux *prunes-amandes*, elles croissent sur les pruniers entez en un amandier. 1562. Du Pinet. *Pline*. I, 559.

Prune-noix. — Toute la bragardise gist aux *prunes-noix* qui viennent és pruniers entez sur un noyer. *Ibid.*, 559.

Prune-pomme. — En Andelousie on a commencé d'enter des pruniers sur des pommiers, qui portent des prunes qu'on appelle encores *prunes-pommes*. *Ibid.*, 559.

Pruneus. — Noiau *pruneus*. 1571. La Porte. *Epithetes*, 178.

Prurient. — Lavez l'immundicité de mes oreilles qui sont tant *prurientes*. 1511. F. Le Roy. *Le Mirouer de penitence*. II, C 7b. — Cotgrave a Prurir.

Prutenique. — Comme notent les Tables *Pruténiques*. 1557. Pontus de Tyard, 35.

Psithien. — Le [vignoble] *Psithien*, dont coule un nectar plus utile, Que le moust, que succré le raisin sec distille. 1583. *Virgile*, 50.

Pucellet. — Je m'en yrois cercher les antres solitaires, . . . pour y voir . . . Si (doucement bruyants) quelques doux ruisselets (De bouche d'homme et beste, encore *pucellets*) N'y rivalleroient point. 1578. Boyssieres, H b.

Pudemment. — *Voir* Maratrement.

Puissanciellement. — L'unité est plus que nombre, veu qu'elle luy donne estre: et *puissanciellement* comprend tous nombres. 1588. S. Goulart, *dans* Du Bartas. *II Sepmaine*, 530.

Pulluleux. — Si j'escris un combat, il en source autres deux, Si je trace un beau faict, tes deux bras *pulluleux* En refont trois, et quatre. 1578. Boyssieres, B 2b.

Pulsant. — Les poulz ou artères *pulsantes* du corps. 1551. Leon Hebrieu, *trad.* P. de Tyard. I, 165.

Pungitif. — *Pungitif* et insatiable désir. 1551. Leon Hebrieu, *trad.* P. de Tyard. II, 53.

Punissement. — Ton esprit tourmenté de gennes éternelles . . . souffrira de griefs *punissements*. Baïf. II, 125.

Pupillairement. — Les tables pupillaires et la substitution seront valables, et le substitué *pupillairement* entretenu. 1585. I. Papon. *Premier Notaire*, 567.

Purge-humeurs. — Le jeusne est . . . Vigilant, *purge-humeurs*. Du Bartas. *Ionas, vers* 152.

Purpuré. — Je veux . . . voir . . . comme après le vif les Anglois figuréz Semblent y soutenir les tapis *purpurez*. 1583. *Virgile*, 61b.

Pyramidalement. — Le tourbillon qui, poussé *pyramidalement*, semble estre de bas en haut. 1557. P. de Tyard, 84.

Pyramider. — Les fiers géans pour écheller les cieus Se sont armez de force audacieuse *Pyramidantz* la masse vicieuse Des montz dressez. 1554. Le Caron. *La Claire*, 3b.

Pythagorien. — L'escole *Pythagorienne*. 1557. P. de Tyard, 133. — Ceste façon antique des *Pythagoriens*. 1571. G. Le Fevre. *Encyclie*, 79. — Et l'eust faict Platon, si Amycla et Clinias *Pythagoriens*, ne l'en eussent destourné. 1599. La Popeliniere, a 118.

Pythagorique. — Iamblique . . . nous laissa trois livres de la secte *Pythagorique*. 1599. La Popeliniere, a 131.

Quadrat. — *Quadrats* que l'on nomme quartiers de la lune. 1551. Leon Hebrieu, *trad.* P. de Tyard. II, 39. — Godefroy, *Suppl.*, a un exemple de Rabelais.

Quatorziememant. — 1554. Peletier. *Aritmetique,* 206.

Quatranal. — *Quatranal.* A Monseigneur de La Bordaisière. 1578. Boyssieres, 66b.

Quatrannairement. — Comme ces 6 heures n'etoient annuellement tirées en conte, *quatrannairement* l'an croissoit d'un jour. 1584. Du Monin. *Uranologie,* 124.

Quatre-sonnant. — L'ongle bat le champ mol de piés *quatre-sonnants.* 1583. *Virgile,* 240.

Quercinois. — Magni *Quercinois.* 1571. La Porte. *Epithetes,* 153b.

Queu-piquant. — Bien que Phébus souz l'astre *queu-piquant* Se refroydisse. 1553. Des Autelz, A 6.

Quietement. — L'effect d'iceluy est bien de convier inopportunément par fois, mais refuser, jamais: et de convier encore tacitement et *quiètement.* Montaigne, *éd. Courbet-Royer.* I, 114.

Quinte essencial. — Grondent les scholastiques logiciens, Sphisiciens, les surnaturelz et *quinte essenciaus* reveurs. 1554. Le Caron. *La Claire,* 23.

Rabbreuver. — Je verserois cette poison amère . . . dans mon cœur langoureus, Aiant espoir que la Cyprine mère Me *rabbreuvast* de goust plus savoureus. 1554. Le Caron. *La Claire,* 185.

Rabeliste. — Mocqueur *rabeliste.* 1571. La Porte. *Epithetes,* 168b.

R'abreger (se). — Il fait de tout son corp une sphère arrondie, Il *se r'abrege* en rond. 1584. Du Monin. *Uranologie,* 42b.

Raciocinateur. — Tout bon *raciocinateur* doibt mettre les choses attendues au pis pour mieulx avoir. 1549. B. Aneau. *Emblemes d'Alciat,* 158.

Radouteus. — Disputer si le droit est premier que justice, ou non, c'est renouveller cette décrépitée altercation par les *radouteuses* vielles débattue . . ., à savoir, qui est le premier ou le poullet, ou la poulle. 1554. Le Caron. *La Claire,* 31b.

Ragé. *Voir* Metre-soufleur.

Raggraver. — Pharao voyant qu'il estoit en repos, *raggrava* son cueur. 1559. *La Sainte Bible.* I, 54.

Raieur. — L'air rougit d'esclairs ardens, la *raieur* au ciel s'en allume. Baïf. II, 67.

Raionneux = Rayonneux. — Le blé, qui sent deux fois le soleil *raionneux* Et deux fois la froidure, en fin répond aux veux Du laboureur avare. 1583. *Virgile,* 36.

Rais-pointé. — Le verd, l'ardeur, le vent, la vague, et la clarté, Du buïs, du feu, de l'air, de l'eau, de la lumière, ... Son teint, son chaut, son poux, son bruit, son *rais-pointé*. 1578. Boyssieres, 1.

Ralleur. — Malade *ralleur*. 1571. La Porte. *Epithetes*, 156.

R'amene-jour. — Ta coche Du char *r'amène-jour* de ton espous aproche. 1585. Du Bartas, 421.

Rampe-loin. — La courge *rampe-loin* ore ils vont effueiller. 1589. Du Bartas. *II Sepmaine*, 263.

Rapineur. — Ung *rapineur*, quand il despend, il ne despend rien du sien propre. 1549. B. Aneau. *Emblemes d'Alciat*, 157.

Rapoincter. — Lites après filles de Jupiter Vont, pour les maulx qu'elle ha faict *rapoincter*. 1549. B. Aneau, 159.

Raporte-fruit. — Jardin *raporte-fruit*. 1571. La Porte. *Epitheles*, 132.

Rapporte-grain. — Champaigne *rapporte-grain*. 1571. La Porte. *Epethetes*, 52.

Raporte-nouvelle. — 1571. La Porte. *Epithetes*, 157b.

Rapteur. — Durs ci après des combats *Rapteur* couard, tu fuiras Devant sa griphe félone. 1584. *Horace. Odes*, 88.

Raqueteus. — Naquet *raqueteus*. 1571. La Porte. *Epithetes*, 174b.

Rare-coulant. — Va roulant Dessus ma jouë un pleur *rare-coulant*. 1588. *Horace. Odes*, 62b.

Rassisement. — Or me dit il *rassisement*. 1537, *dans Marot éd. de La Haye*, 1731. VI, 120.

R'assommir (se). — Coup à coup il tombe Pour ce que ce fardeau sa légèreté plombe, Luy faict ployer les reins, et les costés gémir, Et bref il le contrainct d'en bas *se r' assommir*. 1579. Boyssieres, H 2.

Rate. — Fruicts, dont le mary doit retenir et avoir pour la *rate* de temps que le mariage a duré. 1585. I. Papon. *Premier Notaire*, 285.

Rateusement. — Secouru m'as fort lyonneusement; Or secouru seras *rateusement*. Marot, *éd. Jannet*. I, 156.

R'attirer. — L'Amour ... pour me *r'attirer* à sa glaçante ardeur Le cruel s'est logé ... Où la beauté, la grâce est bien humble subjecte. 1599. Lasphrise, 175.

Ravageusement. — Vous y voirés sourdre et couler argenteusement les fontaines, ..., les torrens *ravageusement* s'y accroistre. 1585. Thevenin, *dans* Du Bartas, G g 3.

Ravageux. — Des fontaines se font les ruisseaux murmurans: Des murmurans ruisseaux, les *ravageux* torrens: Des torrens *ravageux*, les superbes rivières. 1585. Du Bartas, 251.

Ravissard. — Non autrement qu'un *ravissard* vautour Le lièvre veu fait pardesus maint tour Virevoustant. Baïf. II, 427.

Rayonneux = Raionneus. — Ainsi parla Vénus, puis son fils

embrassa, Et partant, vis à vis sous un chêne laissa Le harnois *rayonneux*. 1583. *Virgile*, 240.

Raze-forts. — La Guerre vient après, casse-loix, casse-mœurs, *Raze-forts*, verse-sang, brusle-hostels, aime pleurs. 1589. Du Bartas. *II Sepmaine*, 190.

Raze-ville. — Ce coup n'est deslaché d'une fronde débile, C'est l'effort tempesteux d'un bélier *raze-ville*. Du Bartas. *Les Trophees, vers* 360.

Reaccuser. — Tu n'as trouvé voye plus expédiente pour eschapper et fuir mes accusations, que par me *réaccuser* toymesme. 1551. Leon Hebrieu, *trad.* P. de Tyard. II, 3.

Rebarber (se). — Sans que nul *s'ose rebarber*. 15.., *dans Montaiglon*. II, 218.

Rebarceler. — Cette sucessive génération ... fait renaistre, et quasi *rebarceler*, rejeunir ... les anciens père et mère. 1554. Le Caron. *La Claire*, 62.

Rebarrer. — Vénus ... en Paphos est entrée Dans son temple odoureux, où elle est adorée: Là elle s'enferma les portes *rebarrant*. Baïf. II, 282.

Rebat. — Les nuës d'occident coulouroient les ondes par le *rebat* de leur vermeille lueur. 1554. *Amadis*. XI, 93 b. — Tu aprens aux forests à rebruire en chansons La belle Amaryllide au *rebat* de tes sons. 1583. *Virgile*, 11.

Rebellement. — La rude résistence des durs païsans montaignars, que se deffendoient *rebellement* de grosses massues. Le Maire de Belges. I, 160.

Rebriller. — Alors les astres par les cieux *Rebrilleront* à qui mieux mieux. Baïf. II, 308.

Rebrisement. — Ce qui la fait aparoistre crinuë, C'est le *rebrisement* des rais de nostre vuë Contre ceux du soleil. Baïf. II, 22.

Recalfreter. — Atten le tems pour en mer te getter, Et dans le port vien te *recalfreter*. Baïf. II, 359.

Recamper (se). — Après avoir troussé bagage et mis le feu à leurs loges, commencèrent à s'acheminer droict vers Tripoli, et *s'y* vindrent *recamper* celle journée. 1573. Du Preau, 163.

Récemment. — Depuis maints autres rois Vindrent, mais *récemment* à ceux-là de Vallois Je dois ma renommée. (1565). J. Bereau, 160.

Recherchable. — Mais celles [espèces intellectuelles] qui nous sont plus *recherchables*, entrent dedens les corps mortelz. 1557. Pontus de Tyard, 114. — Godefroy, *Suppl.*, a un exemple d'Amyot.

Rechercheur. — [Pline] par fois ... s'abille en *rechercheur* de mines. 1562. Du Pinet. *Pline*. I, j. — Godefroy, *Suppl.*, a un exemple de J. Bouchet.

Rechoquer. — La gendarmerie le chocquera, mais icelui la *rechoquera.* 1559. *La Sainte Bible.* I, 45.

Reclaircir. — La renommée de l'excellent jurisconsulte Duarin, qui *réclaircissoit* Bourges. 1554. Le Caron. *La Claire,* A 6b.

Reclairer. Reclairer (se). — Puis donc qu'avez *réclairé* mon resouvenir. 1554. Le Caron. *La Claire,* 29. — Mon esprit ... languissoit jusques à l'heure, qu'il *se* devoit *réclairer* de la présence de son jour. *Ib.,* 6b.

Recommance-tour. — Le dieu ... Tout-voyant, esclairant, et *recommance-tour.* 1579. Boyssieres. *Continuation des Secondes Œuvres,* 9.

Recreusement. — Si le tourneur meut bien assistant à sa rouë, Que fait il de besoin que quelque ame s'encloüe Dans le ventre du ciel *recreusement* tortu? 1584. Du Monin. *Uranologie,* 34b.

Recrouche. — Le dieu qui terrible ... de sa faux *recrouche* ... les oiseaux éfarouche. Baïf. II, 388. — Cotgrave a Recrochu.

Rectangulerement. — 1554. Peletier. *Algebre,* 82.

Reductif. — L'amour productif du premier demi cercle, tend à l'amour *réductif* du second. 1551. Leon Hebrieu, *trad.* P. de Tyard. II, 396.

Reductivement. — Parquoy avez créé voz creatures très vertueusement, efficacissement, utilement, très saigement, ordinablement, proporcionablement, congruentement, très libéralement et bénivolentement et *réductivement.* 1511. F. Le Roy. *Le Mirouer de penitence.* II, L 5.

Refectionner (se). — Ayans fait apprester leur disner de ce poisson, *s'*en *réfectionnèrent* très bien. 1573. Du Preau, 264.

Reffoqué. — Les princes de haut cœur et de noble courage avoir leurs païs et leurs estats perdus, Ils ne confesseront leurs cœurs estre vaincus: Pareils au roc marin *reffoqué* de l'orage. 1578. Boyssieres, 19. — Faut-il lire Refloqué?

Refredonner. — Amoureux oiselet, ... Je te vois aussi gay qu'à mon dernier voyage, *Refredonner* ton chant avec un mesme son. P. de Brach. I, 22.

Refrisoté. — J'aime ... l'or *refrisoté* d'un cheveu blondelet. P. de Brach. I, 48.

Regardable. — *Regardable* ès guerriers combats. 1588. *Horace. Odes,* 74b.

Registreus. — Papier *registreus.* 1571. La Porte. *Epithetes,* 191b.

Reguider. — Le soleil n'a til pas ... grand horreur monstrée ... *Reguidant* au rebours et son char arresté Et ses chevaux rétifs. Baïf. II, 118.

Reinsinuer (se). — Ce qu'il ne feit ... que pour *se reinsinuer* en la grâce des Turcs. 1573. Du Preau, 66.

Reluner. — On *relune* les arcs par des cordes tirées, On remplist les carquois de flèches acérées. P. de Brach. II, 14.

Rememorable. — Scipion depuis les *remémorables* victoires autre chose plus que solitude ne demanda. 1535. *Le Peregrin*, 233b.

Remeugler = Remugler. — On oit le grand Olympe et les bois *remeugler*. 1583. *Virgile*, 66b.

Remotion. — Nostre intellect ... en toutes les choses s'unit et convertit en son intellect agent illuminant, par la *rémotion* de la puissance, qui causoit leur diversité. 1551. Leon Hebrieu, *trad.* D. Sauvage, 67.

R'empieger. — Mais, las, mon cœur resent la Cyprine quadrelle: Las! tu voids, mon Boucher, que la méme cordelle M'a *r'empiegé* au cep de l'aveugle enfançon. 1579. Du Monin, 115.

Remugler = Remeugler. — Puis il anime les rochers, Les fonteines et les bois, Et les montaignes plus proches, Qui *remuglent* aux reproches De sa lamentable voix. 1574. Perrin, 78.

Rencontreus. — Heurt *rencontreus*. 1571. La Porte. *Epithetes*. 126b.

Rendeur. — Les bons *rendeurs* font les bons presteurs. 1557. C. Fontaine. *Mimes de Publian*, 23.

R'enfanter. — Tu *r'enfante* un laurier à la troupe Françoise. 1579. Du Monin, 92.

Renguyner. — Dieu luy commanda, qu'en pardonnant à ce peuple il *renguynast* son espée. 1573. Du Preau, 171. — Faut-il lire: *rengaynast*?

Renverse-bois. — Hyver *renverse-bois*. 1571. La Porte. *Epithetes*, 130b.

Repancher (se). — [Le daulfin] *Se repanche* à l'envers, et tout à l'eau se donne. 1571. G. Le Fevre. *Encyclie*, 37.

Repiller. — Le larron du pillage estant authorisé *Repille* effrontément sans crainte du supplice. P. de Brach. II, 129.

Repiter. — Ton grand mal-heur tu vins précipiter, Que tu pouvois pour un temps *répiter*. Baïf. II, 257.

Reployer. — Je veux une guirlande en mes vers *reployer*. 1578. G. Le Fevre. *Hymnes*, 137.

Repointer. — Je sen, je sen une lance d'ardeur De son aigu *repointer* la verdeur, Qui fait que dueil plus que plaisir me plaise. 1554. Le Caron. *La Claire*, 198.

Reprenable. — Aristote juge les Pythagoriens *reprenables*. 1557. Pontus de Tyard, 58.

Resauter. — Quelquefois l'âme encor hors de ce lac boüeus

Secout ses ailerons pour *resauter* aus cieus. 1579. Du Monin, 26. — Godefroy, *Suppl.*, a un exemple de La Noue.

Resclarcir. — Il redonne la chasse au nüage amassé Et *resclarcit* le taint du soleil effacé. 1583. *Virgile*, 93b. — Cotgrave n'a que Resclarci.

Resemblable. — Les vers doivent tousjours estre Bien *resemblables* à leur maistre. 1555. C. Fontaine, n 8.

Resercir. — Estant vos casses ou cataractes faictes de bonnes grosses planches, bien bandées et lyées à chaînes de fer .... faictes *resercir* leurs joincture de croye et de houillé. 1547. *Vitruve*, 85.

Resolutivement. — Le temps d'intenter ladite querelle a esté ... *résolutivement* arresté de cinq ans. 1585. I. Papon. *Premier Notaire*, 483.

Reson. — La playe de la teste est guérie en un moys, ..., Mais celle du renom distile et ne s'efface, Ny pour mourir ne meurt le *reson* de sa voix. 1578. Boyssieres, E 3b.

Resouvenir. — Puis donc qu'avez réclairé mon *resouvenir*. 1554. Le Caron. *La Claire*, 29. — Godefroy, *Suppl.*, a un exemple de Montaigne.

Respectueusement. — Dont et desquelles choses lesdictes parties *respectueusement* ont demandé acte à nous notaire soubzigné. 16 juin 1581, *dans Baudrier. Bibliographie Lyonnaise.* IV, 364.

Resplanter. — Vous les *resplanterés* l'ung loing de l'autre ung pied. 1545. A. Pierre, 138.

Resplendisseur. — Sur mon chef se partit à grande *resplendisseur* et résonna environ moy ung tonnoirre dont moult m'esjouy. 1543. *La seconde partie du Grand Olympe des Histoires poetiques*, 29.

Ressauteller. — Et la paille du fer siffle, *ressautelant* Hors des flancs caverneux. 1583. *Virgile*, 235b.

Restaurable. — L'Arche ... Qui contenoit de l'homme, et de tout animal L'engeance *restaurable.* 1578. G. Le Fevre. *Hymnes.*

Restrecissure. — Sur le costé où se faict sa cambrure [de [l'arbaleste] ... fault que la *restrécissure* se retourne en dedans d'une sixième partie de ladicte largeur. 1547. *Vitruve*, 149b.

Resveille-cheval. — Esperon *resveille-cheval.* 1571. La Porte. *Epithetes*, 84.

Retinter. — Le son ... va remontant Par les ordres moyens tintant et *retintant.* 1578. G. Le Fevre. *Galliade*, 55b.

Retire-nerf. — L'Ache Sardonien, *retire-nerf*, riard: Le Napel brule-langue, enfle-lévres, criard. 1589. Du Bartas. *II Sepmaine*, 169.

Retiver . Retiveté. — P, de Brach, *éd. Dezeimeris. II. Glossaire.*

Retortillé. — Ceste comète estoit flambante et *retortillée* comme un serpent. 1562. Du Pinet. *Pline.* I, 57.

Retrepigner. — Les tigres pressez Folastrans suivoyent à costé *Retrépignans* la terre. Baïf. II, 212.

Retrogradement. — Le lendemain ... se prépara la pompe funéralle pour aller au service en l'ordonnance qui s'ensuit, laquelle nous commencerons *rétrogradement.* Le Maire de Belges. IV, 254.

Reveill-esprit. — Musique *réveill'esprit.* 1571. La Porte. *Epithetes,* 173b.

Revelable. — Je vous prie excuser nostre hardiesse, et en continuant iceluy [propos] nous le communiquer, s'il est *révélable.* 1554. Le Caron. *La Claire,* 5b.

Revendition. — Bas mestiers, petites *revenditions.* 1549. B. Aneau. *Emblemes d'Alciat,* 115.

Revenger (se). — *Revenge-toy,* luy disant mainte injure. 1545. H. Salel. *Iliade,* 31.

Reverdoyer. — Dieu vous face, ô César, ... Encor plus qu'Alexandre et magnanime et preux ... Afin que voz vertus et voz actes guerriers Facent *reverdoyer* des chantres les lauriers. 1579. G. L. Fevre. *Meslanges,* 78.

Reverentement. — Il convient à tout chevalier *révérentement* traicter leur bonne fortune, sans la molester ny gehainer. Rabelais, *éd. Marty-Laveaux.* I, 134.

Revolver. — Telles, ou semblables choses *revolvant* ... en son esprit. 1553. Taillemont. *Champs faez,* 269.

Rhadamantin. — Juge *rhadamantin.* 1571. La Porte. *Epithetes,* 140b.

Rhetien. — Hé, de quelle louange, O pampre *Rhétien,* te doit chanter ma voix? 1583. *Virgile,* 50.

Rheupontique. — L'herbe fort-sentant qu'on nomme *Rheupontique* 1583. *Virgile,* 81b.

Rhodien. — Phyllis *Rhodienne.* 1571. La Porte. *Epithetes,* 205.

Rhoesien. — Les coupeaux de Rhodope en plorèrent attaints, Le sourcilleux Pangée, et aux armes apprise La *Rhoesienne* terre. 1583. *Virgile,* 86.

Riantement. — L'autre a le visage *Riantement* serain. 1585. Du Bartas, 687.

Richir. — Je voi l'échantillon du total païsage De ces neufs paintres saints, dont l'artiste pinceau De divines couleurs *richissent* ton tableau. 1584. Du Monin. *Uranologie,* 166b.

Ride-peau. — L'éléphant *ride-peau.* 1589. Du Bartas. *II Sepmaine,* 339.

Ridiculeusement. — Qui croiroit que luy [Lactance] ... n'aye peu comprendre les antipodes, et se soit si ignoramment et *ridiculeusement* moqué du pole arctique et de toute l'astrologie. 1549. Ant. Du Moulin, *dans la Revue d'Histoire littéraire de la France*. III (1896), 233.

Ridure. — Il ne monstroit que le tainct de son visage tant bel et fraiz qu'il n'y aparoissoit aucune *ridure*. 1552. *Amadis*. X, 58b.

R'imprimer. — Phoebus . . . n'estant jamais las, Sur une mesme ornière il *r'imprime* ses pas. 1589. Du Bartas. *II Sepmaine* 548.

Rivageux. — Vien donc icy, laissant Battre aux flots enragez la *rivageuse* arène. 1583. *Virgile*, 32.

Roide-lancé. — Les dars *roide-lancés* de ses yeus flamboians. 1584. Du Monin. *Uranologie*, 193b.

Rolendiser. — D'amour (Rochebaron) mon âme *Rolendise*. 1599. Lasphrise, 11.

Romanesque. — Le nostre marche viste, en fier coq le Tudesque: L'Ibère en basteleur, en bœuf le *Romanesque*. 1589. Du Bartas. *II Sepmaine*, 303.

Rompt-forest. — Vent *rompt-forest*. 1571. La Porte. *Epithetes*, 273b.

Romp-souci. — Jeu, Manicordion *romp-souci*. La Porte. *Epithetes*, 133b, 157.

Romulien. — De l'estat *Romulien* Mon Caesar estant gardien. 1584. *Horace. Odes*, 127.

Ronçage. — Maintenant és halliers d'espines et *ronçages* Se cachent les lézars peinturez de verdeur. 1583. *Virgile*, 13b.

Rond-plat. — Ore pirouettant d'une haste sans haste Du moulin brise-grain la pierre *ronde-plate*. 1585. Du Bartas, 172.

Rondir. — Avant qu'ensemblement l'étoille croissandière Ait par deus fois *rondi* sa double corne entière. 1579. Du Monin, 18.

Ronge-cœur. — Telle douceur des beaux présens dégoutte Des sainctes Sœurs, à qui prompt les escoute; Désaigrissant tout *ronge-cœur* soucy. Baïf. II, 73.

Ronge-flanc. — L'Ephémère Colchois, démangeur, *ronge-flanc*, La froide Mandegloire, et l'If allume-sang. 1589. Du Bartas. *II Sepmaine*, 169.

Ronge-frein. — Mule *ronge-frein*. 1571. La Porte. *Epithetes*, 172b.

Ronge-fueille. — Chenille *ronge-fueille*. 1571. La Porte. *Epithetes*, 56b.

Ronge-poulmon. — Toux *ronge-poulmon*. 1571. La Porte. *Epithetes*, 265b.

Ronsardin. — Si j'avois l'art de *Ronsardine* grâce, Pour péraner ta luisante beauté J'éclaircirois des chantz la nouveauté. 1554.

Le Caron. *La Claire*, 168. — Loir *Ronsardin*. 1571. La Porte. *Epithetes*, 150b.

Ronsardique. — Loir *Ronsardique*. 1571. La Porte. *Epithetes*, 150b.

Rosaigne. — La feuille du Nérion autrement nommé .... des apothicaires *rosaigne*. 1585. I. Papon. *Premier Notaire*, B 4.

Roscien. — Si tu oses, dy moy, si la loy *Roscienne* Est meilleure, que n'est la chanson des enfans. 1588. *Horace*. *Epistres*, 3.

Rossetteus. — Marquette *rossetteuse*. 1571. La Porte. *Epithetes*, 159b.

Rotondation. — Des instrumens appellez porrectum, c'est à dire poussant avant, et *rotondation* ou roulement circulaire, propres à mouvoir gros fardeaux. 1547. *Vitruve*. 139b.

Roul. — La Circéenne isle Là où fait du Soleil bruire la riche fille D'un chant continuel les bois non fréquentés .... Faisant le *roul* bruyant courir és toiles fines. 1583. *Virgile*, 206.

Roule-cailloux. — Le Cleith Dombertanois s'arreste pour l'ouyr, Le Tein, *roule-cailloux*, semble s'en resjouyr. Du Bartas. *Les Trophées*, *vers* 880.

Roule-ciel. — Avant que par son ire Le Père *roule-ciel* d'un flambant coutelas Eust coupé le chemin de l'Eden de çà bas. 1589. Du Bartas. *II Sepmaine*, 389.

Roullon. — Lors affusta les roues bien forgées, ... Et huict *roullons*, de mesme arain duysant. 1545. H. Salel. *Iliade*, 177.

Rousiere. — Elle ... print un coffret fait de joncs, et l'enduit d'argille et de poix, puis mit en icelui l'enfant [Moyse], et le posa en une *rousière* auprès de la rive du fleuve. 1559. *La Sainte Bible*. I, 48.

Roux jaune. — *Roux jaune* affiert à celuy que tourmente Ou grande cure, ou amour véhémente. 1549. B. Aneau. *Emblemes d'Alciat*, 145.

Roydissement. — Le bellier ... par *roydissemens* et alentissemens de cordes faisoit des effectz merveilleux. 1547. *Vitruve*, 151b.

Ruader. — Ce cheval si fier aux combatz indompté A *ruader* du pied avoit telle puissance, Qu'un dur mont de métal n'y eust faict résistance. 1578. Boyssieres, Q 2.

Rubeen. — Or maint panier facile De sions *rubéens* enlacé s'entortille. 1583. *Virgile*, 41b.

Ruderation. — De la *rudération* dicte repous, ou placquement de mortier meslé de brique ou tyles concassées avec glaire. 1547. *Vitruve*, 101b.

Rudissant. — Cry tel comme d'ung asne *rudissant*. 1549. B. Aneau. *Emblemes d' Alciat*, 117.

Ruilleus. — Masson *ruilleus.* 1571. La Porte. *Epithetes*, 160b.

Ruinateur. — Prospérité, richesses, délices ... desquelles Saturne est *ruinateur* et destructeur. 1551. Leon Hebrieu, *trad.* Pontus de Tyard. I, 215.

Russian. — L'ours marin sailli de la forest *Russiane.* 1573. *Amadis.* XIII, 3.

Russien. — Le terroir *Russien* ses martres nous envoye. 1589. Du Bartas. *II Sepmaine*, 504.

Rutulois. — La jeunesse d'Argos, les Sicanes antiques Aurunces, *Rutulois*, avecques les Labyques. 1583. *Virgile*, 224b.

Sacré-doux. — Perfide au premier vent son affection change, Et pour venir au neud du *sacré-doux* meslange Il se fainct opulent en sa grande pitié. 1599. Lasphrise, 533.

Sacrificature. — Laocon d'adventure Eleu pour exercer la *sacrificature* Du dieu porte-trident. 1583. *Virgile*, 113b. — Godefroy, *Suppl.*, a un exemple de Calvin.

Sagacité. — La partie supérieure intellectuelle .... toute remplie de *sagacité* et promptitude à l'action de l'usage corporel. 1551. Leon Hebrieu, *trad.* Pontus de Tyard. II, 36.

Sage-doux. — Un bal accompagné d'un *sage-doux* plaisir. Du Bartas. *La Magnificence, vers* 780.

Sage-preux. — Nestor *sage-preux.* 1571. La Porte. *Epithetes*, 177.

Sage-utile. — Son cœur, son corps, sa main à Nestor *sage-utile.* 1557. C. Fontaine. *Odes, Enigmes*, 20.

Salaminien. — Homère *Salaminien.* 1571. La Porte. *Epithetes*, 127b.

Salomonide. — Hiérusalem *Salomonide.* 1571. La Porte. *Epithetes*, 126b.

Salomonien. — Sagesse *Salomonienne.* 1571. La Porte. *Epithetes*, 236b.

Saltuaire. — Petites isles ... lesquelles on appelle *Saltuaires* ou Balarines. 1562. Du Pinet. *Pline.* I, 91.

Salustien. — La brefveté *Salustienne.* 1535. *Le Peregrin*, 66. — Invective *Salustienne.* 1571. La Porte. *Epithetes*, 137b.

Samagithique. — Gent *Samagithique*, Qui adoroit les bois à la façon antique Des vieux payens Grégeois. 1578. G. Le Fevre. *Hymnes*, 206b.

Samien. — Si le philosophe ancien Grand philosophe *Samien.* 1557. C. Fontaine. *Odes, Enigmes*, 33.

Samin. — Un bras couvert de *samin* verd. 1541. *Amadis.* II, 6b.

Sangloteux. — Ce pendant la maison d'un gémir *sangloteux* Toute au dedans se brouille. 1583. *Virgile*, 120b.

Sanguette. — Ainsi que *sanguettes* ou glissoires. 1553. Taillemont. *Champs faez*, 26.

Sansonien. — Puissance *Sansonienne*. 1571. La Porte. *Epithetes*, 221b.

Sapifare. — Le froissis et cliquetis des harnois, le hanissement des chevaux, la *sapifare* des trompettes. 1573. Du Preau, 67.

Sarcleus. — Serfouette *sarcleuse*. 1571. La Porte. *Epithetes*, 245.

Sardaignais. — Sur ung mulet soit mis ung *Sardaignais*. 1549. B. Aneau. *Emblemes d'Alciat*, 230.

Sardien. — Les yeux armez de leurs foudres bénins Au *Sardien* archet pourroyent suffire. 1553. Des Autelz, C 6b.

Sarredouzain. — Le gazanier ayme ung *sarredouzain*. 1537. A. Du Saix, B 4.

Satiable. — Sa délectation [de l'honneur bastard] ne consiste point au *satiable* sentiment. 1551. Leon Hebrieu, *trad.* Sauvage, 52.

Saturnaliser. — Si je vay à l'escart mes esprits sont contraincts De *saturnaliser* à mon désavantage. 1599. Lasphrise, 76.

Saturnien. — Ou se retire froid l'astre *Saturnien*. 1583. *Virgile*, 43.

Sauveresse. — Perpétuellement Tu acquerras titre de *sauveresse*. Baïf. II, 301.

Savoure. — Lors se leva hastivement et commanda alumer deux torches pour chercher jusques dans la *savoure*. 1546. *Amadis*. VII, 101.

Sauve-coup. — Pavois *sauve-coup*. 1571. La Porte. *Epithetes*, 198.

Sauve-vie. — Rançon *sauve-vie*. 1571. La Porte. *Epithetes*, 228b.

Scadron. — Par le pouvoir . . . Qui les *scadrons* angéliques fait craindre. 1553. Des Autelz, A.

Scalabreusement. — M. de Guise en ayant longuement exercé la charge, et fort *scalabreusement*, il devint puis après un très-bon et grand capitaine. Brantôme, *éd. Lalanne*. III, 227.

Scalpellation. — Et se ce ne vault n'y a point excusation que tu ne faces *scalpellation* profonde en divers lieux, où tu mettes sangsues. 1542. Canappe. *Guidon*, 70b.

Scarlatin. — On voit quelque fois au ciel comme de choses *scarlatines*. 1562. Du Pinet. *Pline*. I, 58.

Scavante-guerriere. — Pallas *sçavante-guerrière*. 1571. La Porte. *Epithetes*, 189b.

Sceptré. — J'ai veu rougir un astre à crin de feus nouveaux, Dégarrotant sur nous la sanglante Bellonne, Qui d'un désastre encor les rois *sceptrés* étonne. 1579. Du Monin, 12.

Scevoliseur. — *Scévoliseurs*, solliciteurs de repues franches et semblables guetteurs de cuysine. 1557. A. Du Saix, B 2.

Scevolizer. — Tu te fais la Maison du Seigneur de Bellone, Et te *Scévolizant* es justicières lois Tu ne veus démentir le sort que ton nom sonne. 1584. Du Monin. *Uranologie*, 101 b.

Schema. — L'habitude et figure de l'Emblème, que les Grecz appelent *Σχημά Schema*. 1549. B. Aneau. *Emblemes d'Alciat*, 9. — Godefroy, *Suppl.*, a un exemple de Ronsard daté de 1572.

Scholastiqüement. — Aucuns ... ont apprins loix, chapitres ... et les sçavent fort bien ... qui néantmoins en demeurent là, sans passer plus avant, et sans entendre que c'est, autrement que *scholastiquement*. 1580. I. Papon. *Second Notaire*, 209.

Scrutateur. — L'homme ... encor moins peut il estre diligent *scrutateur* de la profondité de la mer. 1551. Leon Hebrieu, *trad.* Pontus de Tyard. I, 62. — Godefroy, *Suppl.*, a deux exemples, l'un de De Vignay et l'autre daté de 1596.

Scylleen. — La *Scylléenne* rage Le costé droit assiège, et au gosier gouffreux Charybde tient la gauche. 1583. *Virgile*, 138 b.

Sec-beuveur. — Aux *sec-beuveurs* car le dieu chasse-peine Toutes durtez a proposé vengeur. 1584. *Horace. Odes*, 23.

Seche-corps. — Le Phtise *sèche-corps*. 1589. Du Bartas. *II Sepmaine*, 196.

Sechereux. — Le Gargare tant No s'émerveille point de sa moisson heureuse, Que quand est de l'hyver la saison *séchereuse*. 1583. *Virgile*, 37 b.

Secheté. — L'écorce intérieure et tendre Au haut ormeau la *sécheté* vient prendre. 1555. *Virgile, trad.* Le Blanc, 38.

Sectiste. — Opinion ... suivie d'Empédocle, Plotin, ... et autres *sectistes*. 1557. Pontus de Tyard, 120.

Seigneuriser. Seignoriser. — Il avoit désjà longuement tenu et *seignorisé* celuy pays de Capadoce. 1530. *Diodore, trad.* Cl. de Seyssel, 9 b. — Car le seigneur, qui part tout *seigneurise*. 1555. C. Fontaine. *Ruisseaux*, c 4.

Seme-debats. — Mars le *sème-débats*. Du Bartas. *II Sepmaine*, 555.

Seme-troubles. — Hérésie *sème-troubles*. 1571. La Porte. *Epithetes*, 125 b.

Semillantement. — J'ai aussi l'Olive Qui demourra vive Immortellement, J'ai l'œuvre divine Qui chante Meline *Sémillantement*. (1553) O. de Magni. *Dernières Poésies*, 23.

Semon. — Se voyant *semon* et appelé par Laurine à escrire. 1553. Taillemont. *Champs faez*, 229.

Sempiternellement. — A Dieu le Père soit honneur, A son seul

Filz semblablement, Avec l'Esprit Consolateur, Ore, et *sempiternellement.* 1594. Coyssard. *Hymnes*, 46.

Senatoire. — Pompée n'estoit encores de l'ordre *sénatoire.* 1549. Macault. *Apophthegmes d'Erasme*, 448. — Fai moi luire en beauté ... M'élève en dignité de *sénatoire* honneur, Ou fai les champz labourer en grand'péne. 1554. Le Caron. *La Claire*, 172b.

Sensitivement. — Nous congnoissons les beautez corporelles ... *sensitivement* et corporellement, ou raisonnablemenr et intellectuellement. 1551. Leon Hebrieu, *trad.* Pontus de Tyard. II, 304.

Septain. — *Septains* ou demy sonets. 1578. Boyssieres, 6.

Sequeure. — Iason .... requiert [Medée] que d'un courage humain (Parlant tout bas) au besoin le *sequeure*, Et luy promet mariage. Baïf. II, 303.

Serainement. — L'Immortel a l'esprit *serainement* tranquile. 1589. Du Bartas. *II Sepmaine*, 324.

Serainet é. — Il apporta à tous une *serainet é* de liesse. 1573. Du Preau, 224.

Serementer. — J'avoi sur ton autel *serementé* foi telle. 1579. Du Monin, 115.

Serenement = Serainement. — Sur l'onde applanie Neptune regardant *serenement* manie ... Ses chevaux. 1583. *Virgile*, 94.

Sergental. — Pluton sommé par nous transportera sa court Au siège *sergental.* 1584. Du Monin, *Uranologie*, 202b.

Serpenpied. — Doncq'*serpenpied*, Hommenchef je le nomme. 1549. B. Aneau. *Emblemes d'Alciat*, 22. — Le sacrilège bruit des Titans *serpen-piez.* 1574. Perrin, 3b.

Serpenter. — On dict serpens par bouche *serpenter.* 1549. B. Aneau. *Emblemes d'Alciat*, 16.

Serpenteusement. — Vous y voirés ... les fleuves et rivières estendre *serpenteusement* leurs bras. 4 Febvrier 1583. Thevenin, *dans* 1585. Du Bartas, Gg 3.

Serpenteux. — Ainsi son dous chant faict estendre Le cigne planté sur le bord Du vague et *serpenteux* Méandre, Par son chant prédisant sa mort. P. de Brach. I, 153.

Serpentier. — Là sont les licts ferrez des Euménides fières, Et de sanglants atours les tresses *serpentières* Enlaçant la discorde aux efforts enragez. 1583. *Virgile*, 190b.

Serre-argent — gent-monnoie. — Ce pendant un sergent, *serre-argent — gent-monnoie*, Argumente à poings durs contre mon poëte en voie. 1584. Du Monin. *Uranologie*, 202b.

Serre-gens. — Pluton sommé par nous transportera sa court Au siège sergental, où se campant Mégère Serre ces *Serre-gens* au cep de Nuit sa mère. 1584. Du Monin. *Uranologie*, 202b.

Serre-poignet. — Advocat *serre-poignet.* 1571. La Porte. *Epithetes,* 5 b.

Servilement. — Encores que la fortune l'eust mis en servitude, si ne pouvoit il parler *servilement.* 1549. Macault, 163. — Godefroy, *Suppl.,* a deux exemples des XIVe et XVe siècles.

Sextile. — Le trine et *sextile* aspects donnent amour, . . . l'opposite et quart ou quadrant donnent la hayne. 1551. Leon Hebrieu, *trad.* P. de Tyard. I, 265.

Siblement. — Toutes ces nations . . . les mettray à sac, et les mettray en esbahissement, en *siblement,* et en désolations éternelles. 1559. *La Sainte Bible.* II, 208.

Sicain. — Si d'Iule ja plus ne reste aucun espoir, Que nous allions au moins les flots *Sicains* revoir. 1583. *Virgile,* 103 b.

Sicanois. — Ainsi son onde amère à ton onde mêler Doris ne puisse point, quand tu iras couler Sous les flots *Sicanois.* 1583. *Virgile,* 33.

Sidicin. — Et ceux, qui sont auprès des *Sidicines* eaux. 1583. *Virgile,* 223.

Sidonien. — De son regard sentit son cœur premièrement Didon *Sidonienne* espris d'estonnement. 1583. *Virgile,* 104 b.

Siffleus. — Rossignol *siffleus.* 1571. La Porte. *Epithetes,* 234.

Signallément. — Le plus grand roy de toute l'Europe, pris en une battaille, *signallément* par la vertu de ceste grandissime nation. Brantôme. I, 232.

Silleraison. — Le courroux . . . *Silleraison,* meurtrier des amitiez. 1553. Des Autelz, D 5 b.

Sillitique. — La manière de faire le vinaigre *sillitique.* 1545. A. Pierre, 115.

Sinonime = Synonime. 1551. Leon Hebrieu, *trad.* Pontus de Tyard. II, 76.

Sinter. — L'air enclos entre deus eaus qui vont Par un tuyau soudé . . . Les fait dedans *sinter.* 1571. G. Le Fevre. *Encyclie,* 104.

Sionneus. — Plantal *sionneus.* 1571. La Porte. *Epithetes,* 209.

Sixtement. — Tiercement . . . Quartement . . . Quintement . . . *Sixtement* . . . Septiesmement. ? 1525, *dans Montaiglon-Rothschild.* XIII, 81.

Soef-aspirer. — On vid . . . de basme au gouter *Soef-aspirer* tous les champs de Syrie. 1578. G. Le Fevre. *Hymnes,* 11.

Soldadin. — Avant mon gay prin-temps j'ay couru la fortune *Soldadin* tendrelet aux païs estrangers. 1599. Lasphrise, 140.

Soldoyer. — Le sieur Baudouin comte d'Edesse . . . se voyant estre accompaigné d'une grosse suyte d'infanterie et gendarmerie, et n'avoir moyen de les *soldoyer.* 1573. Du Preau, 242.

Soliciteux. — Ceux qui sont *soliciteux* de moy me treuvent. 1551. Leon Hebrieu, *trad.* P. de Tyard. II, 344.

Solliciteux = Soliciteus. — Au temps qu'il fault besongner, il doit estre *solliciteux*. 1545. A. Pierre, 32b.

Sommerger (se). — Le genre humain tels idoles suyvant Au diable avoit sa liberté venduë, Et dans l'enfer *se sommergoit* vivant Esclave et serf du péché qui le tuë. 1578. G. Le Fevre. *Hymnes*, 10b.

Sonn'-alarme. — L'exercice premier du cheval est de voir Des hommes belliqueux les ardeurs, et les armes, De l'oreille souffrir les clairons *sonn'-alarmes*. 1583. *Virgile*, 65b.

Sonne-lyre. — Enseigneur de Thalie à la voix résonnante, *Sonne-lyre* Phébus. 1588. *Horace* . *Odes*, 68b.

Soporation. — La *soporation* et dormition d'icelle, tant nocturnale que diurnale. 1511. F. Le Roy. *Le Mirouer de penitence*, II, D 2b.

Sorcelier. — Un *sorcelier* dæmon concierge de tes yeus ... De ton ancre ensombroit mes astres radieus. Du Monin, *Uranologie*, 191b.

Sorcierement. — Je ne sçay point quel œil, jalousement infet Mes tendres agnelets *sorcièrement* défait. 1583. *Virgile*, 18b.

Sotie. — Chétive chose garde toy de la responce que ta *sotie* requiert. 1554. *Amadis*. X, 123b.

Soubastes. — Les divines raisons Ne bastent seulement à *soubaster* un monde Modelé au niveau d'une idée féconde. 1584. Du Monin. *Uranologie*, 4.

Soublanchissant. — Il vit en bel équipage Neptune faire la mer *soublanchissante* écumer. Baïf. II, 137.

Souchantre. — Présent que je vous done, ou *souchantre* d'Orfée Je dy l'âme des vents dans la terre étoufée. Baïf. II, 34.

Souef-bruiant. — Siflement *souef-bruiant*. 1571. La Porte. *Epithetes*, 246b.

Souevement-doux. — Un air *souëvement-doux* dedans sa chevelure Proprement agencée inspiré pénétra. 1583. *Virgile*, 85.

Souffle-feu. — Cheval, Taureau *souffle-feu*. 1571. La Porte. *Epithetes*, 57b, 257.

Souffle-venin. — Dragon *souffle-venin*. 1571. La Porte. *Epithetes*, 84b.

Souffre-peine. — Laboureur, Malade *souffre-peine*. 1571. La Porte. *Epithetes*, 142b, 156.

Souffre-penes. — Sparte la *souffre-penes*. 1584. *Horace, Odes*, 11.

Souffre soif. — Le chameau *souffre soif*. 1589. Du Bartas. *II Sepmaine*, 339.

Souffrete. — Ils y endurèrent telle *souffreté* de vivres, qu'ils furent ... en grand danger de mourir de malle rage de faim. 1573. Du Preau, 51.

Souffreteur. — Ce pays pauvre et *souffreteur*. 1573. Du Preau, 219.

Soufle-feu = Souffle-feu. — Qui dirai ... les bœufs surmontez, Bœufs *soufle-feux* aux piés d'érein, domtez. Baïf. II, 85.

Soufre-orage. — L'azur d'une mer *soufre-orage*. 1589. Du Bartas. *II Sepmaine*, 537.

Soupirance. — Par le tiers et dernier ruisselle et s'entresuit La vive *soupirance*. 1571. G. Le Fevre. *Encyclie*, 53.

Soupplet. — De ta langue *soupplette*, où gist toute droiture, Tu me donnas espoir. 1578. La Meschiniere. *Ceocyre*, 31.

Sourçoyer. — Du bois nous *sourçoyoit* cet outrageux effort. 1574. Perrin, 55. — Comme le ruisselet d'un couteau *sourçoyant*. *Ib.*, 75b.

Souriçon. — Et la montaigne enflée outre mesure, Qui ne sceut onc (ô merveille en nature!) Qu'un *souriçon* ridicule enfanter. 1574. Perrin, 4.

Sourjonner. — L'âme qui fait ... croistre et bourjonner Les arbres ... veut vivre et *sourjonner* En la racine creuse. 1571. G. Le Fevre. *Encyclie*, 76.

Sousbasse. — Plusieurs colonnes de marbres, enrichies de *sousbasses*. 1553. Taillemont. *Champs faez*, 275.

Souslunaire. — La *souslunaire* et basse partie de l'univers. 1557. Pontus de Tyard, 96.

Sous-ployer. — Je voioy ce matin un arbre que planté Elle avoit de sa main, et de sa main anté; Ses branches *sous-ploioient* d'un beau fruict sur-chargées. P. de Brach. I, 237.

Soutenablement. — Non croyablement ... ou plus *soutenablement*. 1557. Pontus de Tyard, 91.

Souz-cavé. — Je m'en yrois cercher les autres solitaires, Les rochers *souz-cavés* et les lieux plus secrets. 1578. Boyssieres, Hb.

Souzjoindre. — Il a pertinement *souzjoint* icellui [droit] descendre de justice. 1554. Le Caron. *La Claire*, 29b.

Spaciosité. — Des promenoers de grande *spaciosité*. 1547. *Vitruve*. 94b.

Spartain. — Cognoy toy mesme (ha dict *Spartain* Chilon). 1549. B. Aneau. *Emblemes d'Alciat*, 230.

Spartaque. — Si quelque part quelque caque De ce coursaire *Spartaque* A peu tromper l'œil cruel. 1584. *Horace, Odes*, 83.

Spirer. — Et *spirant* le divin Esprit sur les eaux des abysmes. 1551. Leon Hebrieu, *trad.* P. de Tyard. I, 226.

Spirituellement. — Et void encor *spirituellement* en un et mesme intelligent la chose entendue et l'acte de l'intelligence. 1551. Leon Hebrieu, *trad.* P. de Tyard. I, 70. — Godefroy, *Suppl.*, a des exemples antérieurs au XVIe siècle.

Splendir. — Tu *splendis* plus fort que jamais. 1557. Fontaine. *Odes, Enigmes,* 21.

Splendissant. — Ton héritage est le ciel *splendistant.* 1556. Fontaine. *Ruisseaux,* d 5.

Sponsailles. — Arres de *sponsäilles.* 1585. I. Papon. *Premier Notaire,* 255.

Sponsion. — Demosthène dit la loi estre . . . la commune *sponsion* de la cité. 1554. Le Caron. *La Claire,* 20.

Squameux. — Des excroissances . . . . sont *squameuses,* fistuleuses et chancreuses. 1542. Canappe. *Guidon,* 82.

Stablement. — Nôtre intellect est comme l'œil du monde *Stablement* atifé d'une perruque blonde. 1579. Du Monin, 24.

Stentorin. — Va t'en . . . trouver le gentil Navières . . . Et luy dy que ceste troupe . . . L'adjure . . . D'abandonner . . . Et ses gloses et ses loix, Pour venir chanter la gloire De bien boire D'une *Stentorine* voix. O. de Magni. *Gayetez,* 69.

Stipendiaire. — Une armée de souldartz *stipendiaires.* 1541. Macault, 43. — Godefroy, *Suppl.*, a des exemples antérieurs au XVIe siècle.

Stiptiquer. — Ilz digerent et evaporent et *stiptiquent* attrempéement, et ne accroissent pas les douleurs. 1542. Canappe. *Guidon,* 79. — Cotgrave a Stiptique, *subst.*

Strideur. — Quand sa sœur Juturne vid la Dire, A la *strideur,* à l'aile qu'elle tire Bien la conneut. 1567. *Virgile, trad.* L. Des Masures, 667.

Strineus. — Patenostres *strineuses.* 1571. La Porte. *Epithetes,* 197.

Strymonien. — L'oiseau *Strymonien,* comme il semble, y criaille. Du Bartas. *Le Magnificence, vers* 809.

Studieusement. — Je ne réciterai innumérables lieus, que j'ai *studieusement* notez pour confermer mon conseil. 1554. Le Caron. *La Claire,* ā ijb. — Godefroy, *Suppl.*, a un exemple antérieur au XVIe siècle.

Stupre. — Ne pleurez plus le *stupre* d'Alexandre. 1574. Perrin, 32 b.

Stymphalide. — Harpie *Stymphalide.* 1571. La Porte. *Epithetes,* 122b.

Subintrane. — Tumeur . . . . en quoy est insensibilité qui est *subintrane* et dure, est incurable. 1542. Canappe. *Guidon,* 89.

Subordinément. — Devra le défendeur protester qu' . . . il n'entend soy despartir de sa fin de non recevoir . . . sur laquelle il requerra luy estre préallablement faict droit, et *subordinément* au principal, si faire se doit. 1580. I. Papon. *Second Notaire*, 615.

Substanciel. — Les noms sont *substanciels*, j'enten signifians la substance de la chose nommée. 1557. Pontus de Tyard, 127. — Godefroy, *Suppl.*, a un exemple antérieur au XVIe siècle.

Substantation. Substentation. — Choses requises et nécessaires à la *substentation* et vivre des hommes. 1541. Macault, 28. — Quant aux choses délectables, il est plus que certain, qu'elles ne sont destinées qu'au soustènement et *substantation* du corps. 1551. Leon Hebrieu, *trad.* Pontus de Tyard. I, 31. — La *substentation* de nos corps. (1579). P. de L'Ostal, *dans du Verdier*. V, 302.

Subterrané. — Lieux *subterranées* où les vents se battent. 1562. *Pline, trad.* Du Pinet. I, 86.

Subtilize-esprits. — Le jeusne est maigrelet ... Vigilant, purge humeurs, et *subtilize-esprits*. Du Bartas. *Ionas, vers* 152.

Subvertissement. — Si, juges souverains, le cieux ont ordonné Le *subvertissement* de nostre pouvre France, On ne peut divertir leur céleste influence. P. de Brach. II, 152. — Godefroy, *Suppl.*, a un exemple de L'Escluse.

Succe-bourse. — Palais *succe-bourse*. 1571. La Porte. *Epithetes*, 189b.

Succe-fleurs. — Le peuple *succe-fleurs* part de sa loge creuse. Du Bartas. *Ionas, vers* 2.

Succe-sang. — Punaise *succe-sang*. 1571. La Porte. *Epithetes*, 221b.

Succedent. — Le temps, qui suit le mouvement, est un anombrement du mouvement antécédent et *succédent*. 1551. Leon Hebrieu, *trad.* Pontus de Tyard. II, 126.

Sucrecoullant. — Tu [Ronsard] démens par ton honneur Le Romain lirique Horace, Qui a chanté nul sonneur Pouvoir imiter la trace Du *sucrecoullant* Thébain. 1554. Le Caron. *La Claire*, 195.

Superateur. — Estant Jupiter puissant en la nativité de quelcun ... il se trouve avec bon aspect *supérateur* de Saturne. 1551. Leon Hebrieu, *trad.* Pontus de Tyard. I, 216.

Superbité. — Cupidon courroucé de ma dame en colère, Luy fit venir l'amas d'une extresme beauté, Puis appella desdain, refus et cruauté, Impiteuse rigueur et *superbité* fière. 1599. Lasphrise, 102.

Superficiairement. — Lon voit ordinairement és villes et cités de ce royaume et ailleurs és halles et lieux publics boutiques *superficiairement* basties. 1585. I. Papon. *Premier Notaire*, 76.

Superfluement. — Tant plus effrenément, et *superfluement*, [la chose honneste] est aymée, tant plus en est l'amour louable et vertueux. 1551. Leon Hebrieu, *trad.* Pontus de Tyard. I, 35. — Je penserois *superfluement* estendre ma parole. 1557. Pontus de Tyard, 49.

Supposition. — Peuvent ils avec ces *suppositions* plus raisonnablement ressoudre les arguments d'Aristote, que les fidèles qui croyent le monde estre seulement créé une fois. 1551. Leon Hebrieu, *trad.* P. de Tyard. I, 150. — Godefroy, *Suppl.*, a un exemple antérieur au XVIe siècle.

Supprenable. — Amour ... a exécuté son dessain *supprenable.* 1599. Lasphrise, 175.

Sur-amasser. — Les herbes, que dessus il va *sur-amassant*, ... à piler se va mettre. 1583. *Virgile, Epigrammes*, 20.

Sur-artificiel. — L'artifice seroit *sur-artificiel.* 1571. G. Le Fevre. *Encyclie*, 96.

Surbossé. — Un corselet écaillé de mainte histoire *surbossée*, Que Vulcain feuvre des dieux par bel art y avoit trassée. Baïf. II, 65.

Surceint. — Elle faict toile ... Et au marchant curieux, Soucieux, Livre *surceintz* de value. 1544. B. Des Periers, 115.

Sur-celeste. — *Sur-céleste* est son jour avant tout jour éclos. 1571. G. Le Fevre. *Encyclie*, 109.

Sur-coulé. — Par la mer *sur-coulée* Peureux nagèrent les dains. 1584. *Horace. Odes*, 4.

Sur-doré. — Nostre œil admire tant ses marges peinturés, Son cuir fleurdelizé, et ses bords *sur-dorés.* 1585. Du Bartas, 31.

Sureclater. — Soudée à l'esseul d'argent, Comme un soleil, la volière D'or et d'azur se changeant, *Suréclate* une lumière Plus brillante que par l'air, Ne luit l'astre le plus clair. Baïf. II, 135.

Surfluer. — Pour ne *surfluer* nostre devis de prolixe louange, je veus déclarer de quel office et piussance les féciales ont esté par les Romains ennobliz. 1554. Le Caron. *La Claire*, 78b.

Surlevé. — Ou diray-je les ports? et la forte cloison *Surlevée* au Lucrin? 1583. *Virgile*, 51 b.

Sur-maçonner. — L'allusion des mots n'est un seur fondement Pour y *sur-maçonner* un ferme bastiment 1589. Du Bartas. *II Sepmaine*, 450.

Surmondain. — Te sentis-tu ravir par éclairs si soudains Tes esprits rehumez de esprits *surmondains.* 1578. G. Le Fevre. *Hymnes*, 132b.

Surnaturellement. — Les contemplatifz philosophes ... ont inventé quelque misticque et intellectuelle appréhension, pour obscurément et ... *surnaturellement* énigmatizer les vertus. 1554. Le Caron. *La Claire*, 25.

Surplanter. — Je crains que fortune despite Ne *surplante* autre part nos bénédictions. 1599. Lasphrise, 131.

Surrampant. — Par dessus des Titans les tropes Deçà delà *surrampans* pressoyent des montaignes les cropes. Baïf. II, 66.

Survaincre. — Et le plan d'un stérile front *Survaincra* l'orme plus fécond. 1584. *Horace, Odes,* 55.

Survie. — Des pudiques flambeaus de tes mignardz attraitz Je vei darder l'étoille de ma vie. Les célestes raions des homicides traitz, Qui me navrantz relancent ma *survie.* 1554. Le Caron. *La Claire,* 172b.

Susception. — La *susception* de nouveaulx . . . habitz. 1552, *dans Montaiglon.* II, 151. — Godefroy, *Suppl.,* a un exemple antérieur au XVIe siècle.

Suscrire. — J'ay *suscrit* mes sonnetz à l'imitiation des bons auteurs antiques. 1553. Des Autelz, b 2.

Suspicionneux. — Compaignie deshonneste et *suspicionneuse.* 1532. *Seneque. Motz dorez, trad.* Seyssel, 126b.

Sustantieux. — Elégance numéreuse, garnie de toutes figures et ornemens d'oraison sur un fond *sustantieux* de prudence civile. I. Gohory, *dans* 1554. *Amadis.* XI, ã 4.

Sutilié. — L'air *sutilié* est ce que nous nommons feu. 1557. Pontus de Tyard, 64.

Suyvir. — Diligence est à *suyvir,* qui pourvoit à l'avenir. 1549. B. Aneau. *Emblemes d'Alciat,* 104.

Sycomer. — Les autres arbres portent des *sycomers.* 1541. Macault, 20.

Symmetrié. — Des cieus *symmétriez* les discordans accors. 1571. G. Le Fevre. *Encyclie,* 105.

Sythonien. — Quand bien l'Hebre au milieu des froideurs orageuses Nous voudrions épuiser, et de l'hiver neigeuses Les ondes supporter és monts *Sythoniens.* 1583. *Virgile,* 34b.

Taisement. — Combien qu'il leur ayt semblé, mesmes à Averrois, qu'il l'ayt *taisément* confessée. 1557. Pontus de Tyard, 16.

Tançonnier. — Querelle *tançonnière.* 1571. La Porte. *Epithetes,* 223b.

Tantalide. — La *Tantalide* race Te quitte aux malheurtez que le destin te brasse. Baïf. II, 120.

Tard-naissant. — Les arbrisseaux verds Ensemble avecques toy j'enclorray dans mes vers, Et de l'olive encor *tard-naissant* la race. 1583. *Virgile,* 47b.

Tartarer. — Pour donner cent tourmens, ce qu'on peut préparer, Est tombé sur mon chef pour las! me *tartarer.* 1578. Boyssieres, 15b.

Tartarique. — Sisphe est toujours après sa pierre, Suyvant l'arest des *tartariques* cours. 1553. Des Autelz, B 5.

Tatiner. — Où cependant que le poulx on *tatine*. 1574. Perrin, 19.

Taxatif. — Son laigs emporte sa clause *taxative*. 1585. I. Papon. *Premier Notaire*, 685.

Taxativement. — Le doute sera de la stipulation faicte par le père *taxativement* au proffit de son fils seulement. 1585. I. Papon. *Premier Notaire*, 199.

Tegeen. — Puis pendue à ses flancs Et à son dos il ceint sa *Tégéenne* épée. 1583. *Virgile*, 236b.

Tempestivement. — Le conducteur est tenu de bien verser en la chose par luy ... tenue à ferme ... le tout *tempestivement* observé selon la loy du louage, et à l'indemnité du maistre. 1580. I. Papon. *Second Notaire*, 253.

Tenamment. — Ceus, qui poussez d'une plus haute contemplacion, ne sont si *tenamment* arrestez aus matières. 1557. Pontus de Tyard, 16.

Tendre-amer. — Et plus vous n'irez prendre Chevrettes, dessous moy le cytise fleuri Ny le saux *tendre-amer*, duquel je vous nourri. 1583. *Virgile*, 13.

Tendre-dur. — Huytres *tendres-dures*. 1571. La Porte. *Epithetes*, 188.

Tendre-herbeux. — Cil qui ... fait du blé *tendre-herbeux* Tondre aux menus trouppeaux les trop féconds cheveux. 1583. *Virgile*, 37b.

Tendre-mol. — Apporte nous cét'eau, va cerner à l'entour Saintement ces autels d'un *tendre-mol* attour. 1583. *Virgile*, 29b.

Tenebreusement. — Si d'enhaut l'on ha pitié De l'affection humaine, Voy, làs, voy où l'amitié *Ténébreusement* me meine. Pontus de Tyard, *éd. Marty-Laveaux*, 149.

Tenebrosite. — Ladicte eaue vault à la *ténébrosité* des yeulx. 1536. Le Fournier. *Decoration dhumaine nature*, 4. — Ceste ame intellective ... et :.. offusquée de la *ténébrosité* de la matière. 1551. Leon Hebrieu, *trad.* D. Sauvage, 56; *trad.* Pontus de Tyard. I, 49. — La puissance divine ... d'en hault inesperément envoya .... si grande *ténébrosité* d'air. 1573. Du Preau, 314.

Terrin. — Les élémentz attraitz du *terrin* heur Veullent donter la céleste vaillance. 1554. Le Caron. *La Claire*, 169.

Tessière. — Et l'irègne *tessière* alentour des goussets De sa toille maillée ourdissoit les filets. Baïf. II, 379.

Testes-naissant. — L'Hidre, *testes-naissant*, d'Herculle combatu. 1578. Boyssieres, 6b.

Tetractide. — Je veux ... m'en aller au double antre enserrer Là où jadis voulurent s'enterrer Des Pères vieux la *Tétractide* double, Pour y humer à longs traictz l'Esprit sainct. 1578. G. Le Fevre. *Hymnes*, 230b.

Tetragrame. — Tes vers ... Portoyent l'honneur d'un saint nom *tétragrame.* 1553. Des Autelz, Ab. — Godefroy, *Suppl.*, a un exemple de La Boderie.

Thalthybien. — Mille cris *Thalthybiens.* 1553. Des Autelz, Eb.

Thaumantin. — Si tost que le soleil a de ses rais attaint Les nuaux pluvieux, le *Thaumantin* lignage Reluit clair sous le front de l'éthéré nuage. 1583. *Virgile. Epigrammes,* 11.

Theocratie. — Epiménide .... laissa entre autres la *Theocratie* c'est à dire de la Tempérie des dieux. Et la Theogonie, c'est l'origine des dieux. 1599. La Popeliniere, a 124.

Theogonie. — *Voir* Theocratie.

Theologiquement. — Le poète .... respond amplement et *théologiquement* à ces objections. 1589. S. Gonlart, *dans* Du Bartas, *II Sepmaine,* 89.

Thermodontien. — Hache *Thermodontienne.* 1571. La Porte. *Epithetes,* 121.

Thessalien. — Pinde *Thessalien.* 1571. La Porte. *Epithetes,* 207 b.

Thessalique. — Moy monté sus le mont *Thessalique.* 1555. Ch. Fontaine, f 5.

Tholozain. — Pastel *Tholozain.* 1571. La Porte. *Epithetes,* 197.

Thracien. — Mille cris Thalthybiens, Et mille accors *Thraciens.* 1553. Des Autelz, Eb. — Pinde *Thracien.* 1571. La Porte. *Epithetes,* 207 b.

Thyodamantee. — Hylas *Thyodamantée.* 1571. La Porte. *Epithetes,* 130.

Tiede-chaud. — Raion *tiède-chaud.* 1571. La Porte. *Epithetes,* 226b. — La roideur des torrens qui se font Au prin-temps *tiède-chaud,* quand la neige se fond. P. de Brach. II, 13.

Tiede-gracieux. — Pourquoy pleures-tu Astérie Gyge ... Que ... Te ramèneront les soupirs des *tièdes-gracieux* zéphyrs. 1588. *Horace. Odes,* 45 b.

Tiede-lent. — Maint creux lac bagne D'un *tiède-lent* humeur son sein moite bourbeux. 1583. *Virgile,* 38.

Tiercelet. — *Tiercelets,* à Monsieur. 1578. Boyssieres, 6 b.

Tigeus. — Quand elles [les nymphes] vont naissant, ensemble, avecques elles Ou des sapins *tigeus* ou des chesnes branchus ... Sont plantez beaux et verds. Baïf. II, 289.

Tiltrer. — J'ay *tiltré* mes vers autrement qu'ilz n'ont fait. 1553. Des Autelz, D 8.

Tirasse-coutre. — Le flot ... D'un invisible pas quitte les labourages Du bœuf *tirasse-coutre.* 1585. Du Bartas, Hh 2b.

Tire-droict. — Tant de goutes de feu que le ciel larmoya ...

Présageoient que le fer du Parthe *tire-droict* Presque le nom Lucain l'an suivant esteindroit. 1585. Du Bartas, B bb.

Tire-fer. — Aimant *tire-fer.* 1571. La Porte. *Epithetes*, 9b. — Mais Lucrèce, di-moy quelle vertu cachée Tourne tousjours vers l'Ourse une aiguille touchée Par l'eymant *tire-fer.* 1585. Du Bartas, 317.

Tire-laict. — Chevreau, veau *tire-laict.* 1571. La Porte. *Epithetes*, 58, 272.

Tire-traits. — Le Scorpion après Vient armé de venin, puis l'expert *tire-traits.* 1583. *Virgile. Epigrammes*, 15.

Tire-trés. — Le monde est un nuage, à travers qui rayonne Non le fils *tire-trés* de la belle Latone. 1585. Du Bartas, 29.

Tiriaque = Thériaque. — Ta présence me sert de *tiriaque* et remède. 1551. Leon Hebrieu, *trad.* P. de Tyard. II, 55.

Tisse-voille. — Les ans, les moys, les jours, et les nuits *tisse-voilles.* 1578. Boyssieres, H 3.

Titanin. — Uniques sœurs, semence *Titanine*, Secourez moy. 1599. Lasphrise, 60.

Titulé. — Les fictions poëtiques ont esté multipliées par les héroïques personnes *titulées* de nom divin. 1551. Leon Hebrieu, *trad.* P. de Tyard. I, 192.

Toileus. — Tisserand *toileus.* 1571. La Porte. *Epithetes*, 263.

Toisonneus. — Voilà que ce bélier, le guide du troupeau, En seiche tout de frais sa *toisonneuse* peau. 1583. *Virgile*, 18b.

Tonnerreusement. — De son nom redouté le seul mortier emporte *Tonnerreusement* fort, barreaux, verroux et porte. Du Bartas. *Les Trophées, vers* 786.

Tonnerreux. — Quelquefois par l'éclat *tonnerreux* Une fente de feu brillant brisée en deux Toute la nuë espard d'une éclairante flamme. 1583. *Virgile*, 235.

Toreau-forme. — Ainsi *toreau-forme* se roule Mon Aufide, qui oultre-coule Le sceptre de Daune Appulois. 1584. *Horace, Odes*, 125.

Torchonneus. — Haillon *torchonneus.* 1571. La Porte. *Epithetes*, 121.

Torteux. — Meilleur ne soit ton sang qu'au vieil tyran de Gnosse Fut Ariadne lors qu'en la *torteuse* fosse De son frère mibœuf le meurdrier reguidé, Traîtresse, elle sauva par le lin dévidé. Baïf. II, 121.

Tortilhément. — Le nœud retors du tige au chenu chêne *Tortilhément* pressé de mainte large vêne. 1584. Du Monin. *Uranologie*, 36.

Tortillotter. — *Voir* Pignotter.

Touche-doigt. — Parloir *touche-doigt.* 1571. La Porte. *Epithetes,* 194.

Touche-nue. — Saturne ... fuyard Pélion *touche-nuë* Faisoit tout retentir. 1583. *Virgile,* 63.

Touffée. — Une *touffée* d'arbres beaux et grans. 1553. Taillemont. *Champs faez,* 28.

Tourbin. — Les forestz crient par telz *tourbins* Comme toreaux, qui meuglent en l'estable. 1547. R. Le Blanc. *Hesiode,* 47.

Tournasser. — Clothon .... despite *tournasse* En un rouillé fuseau une noire filasse. Baïf. II, 117.

Tourne-crible. — Sorcière *tourne-crible.* 1571. La Porte. *Epithetes,* 249b.

Tourne-meule. — Moulin *tourne-meule.* 1571. La Porte. *Epithetes,* 171b.

Tourne-sas. — Sorcière *tourne-sas.* 1571. La Porte. *Epithetes,* 249b.

Tourterin. — Ores d'un coup de pied la mauvaise l'assault, Ou d'un bec *tourterin.* 1599. Lasphrise, 311.

Tousseus. — Vieillard *tousseus.* 1571. La Porte. *Epithetes,* 277b.

Tout-bon. — En nature Rien ne se faict par cas ny adventure, Mais par ta reigle, ô le premier mouvant Qui es *Tout-bon,* Tout-sage, et Tout-pouvant. 1578. G. Le Fevre. *Hymnes,* 254b.

Tout-pouvant. — 1578. *Voir* **Tout-bon.** — [Jupiter] le père *Tout-pouvant.* 1584. *Virgile,* 235.

Tout-sage. — *Voir* **Tout-bon.**

Tout-tuant. — Sa bouche *tout-tuant* ne chante que vaillance. 1599. Lasphrise, 120.

Toute-divine. — O gentille Panthée, et digne du vray nom De la *Toute-divine.* 1579. G. Le Fevre. *Meslanges,* 102b.

Toute-doree. — Marie est sur tous ordres montez L'Esprit de feu de la *Toute-dorée.* G. Le Fevre. *Hymnes,* 244b.

Touteforme. — La forme uniforme et *touteforme.* 1557. Pontus de Tyard, 134.

Traducteur. — Car quoy que face ung parfaict *traducteur.* 1545. H. Salel. *Iliade,* 16. — Godefroy a un exemple de la *Deffence et Illustration.*

Trafiqueuse. — La *trafiqueuse* Hespaigne Nous prouvoit de safran, de chevaux l'Alemagne. 1589. Du Bartas. *II Sepmaine,* 504. — Cotgrave a **Trafiqueur,** *subst.*

Trahiseur. — Combien de fois encor le frère *trahiseur* A il du frère sien les entrailles percées. 1574. Perrin, 23.

Traieur. — Et point ne rempliront De laict les pots *traïeurs* les génisses laitières. 1583. *Virgile,* 65.

Trainebalet. — *Trainebaletz* et sotz maistre d'eschole. 1549. B. Aneau. *Emblemes d'Alciat*, 199.

Trainebois. — Et mourir puisses-tu, comme de Calliope Le *trainebois* enfant. Baïf. II, 124.

Traine-gueret. — Un ru *traine-guéret* de son cours violent De fleuves ne souilloit le crystal doux-coulant. 1589. Du Bartas. *II Sepmaine*, 9.

Traine-licol. — Meutrier *traine-licol*. 1571. La Porte. *Epithetes*, 166.

Traine-limon. — La riche campagne Que l'eau *traine-limon* du gras Eufrate bagne. 1585. Du Bartas, B 6b.

Traine peuple. — Cest or richement rare Domte orgueil, charme soin, *traine-peuple*, emble cœur Meslé change de son, de poids, et de couleur. 1589. Du Bartas. *II Sepmaine*, 375.

Traine-souci. — La terre . . . porte en son flanc Et l'or *traine-souci*, et le fer verse-sang. 1585. Du Bartas, 315.

Traistre-riant. — Vénus à elle ainsi criant S'offre d'un œil *traistre-riant*, Et l'arc fleschi, son fils avecque. 1584. *Horace, Odes*, 98.

Traitre-faux. — Le *traitre-faux* erreur d'une amoureuse flame. 1583. *Virgile*, 29.

Tranche-vie. — Le glaive *tranche-vie* aux champs les desfera. Du Bartas. *La Loy, vers* 1315.

Transformable. — Et puis sentant une mort *transformable*, Ores en toy, non plus en moy je vi. 1555. C. Fontaine, e 8.

Transitoirement. — Hommes saiges . . . . ne mettent aucune fantasie ès choses mondaines . . . et n'en usent sinon *transitoirement* et selon la nécessité corporelle. 1530. Diodore, *trad.* Cl. de Seyssel, 1 b.

Translat. — Voyez mon *translat* des épitres d'Ovide. 1557. C. Fontaine. *Mimes de Publian*, 15.

Transompter. — Originaux dont Pline auroit *transompté* son dire. 1562. Du Pinet. *Pline*. I, j.

Transparence. — La *transparence* du cercle, laquelle est nommée Ether. 1551. Leon Hebrieu, *trad.* P. de Tyard. I, 205.

Transparentement. — Le sang, la prime et l'air *transparentement* rare. 1589. Du Bartas. *II Sepmaine*, 560.

Transparer. — D'autant est large et long ton renom glorieux, Si que fendant les aers il *transpare* les cieux. 1578. Boyssieres, 76b.

Transsylvain. — La Servie, Le pays *Transsylvain*, Hongrie, Moravie. 1589. Du Bartas. *II Sepmaine*, 468.

Transverser. — Si ta vertu . . . A fait monter la Fontaine en maint mont, Et *transverser* la France, et le Piedmont. 1555. Ch. Fontaine. *Ruisseaux*, c 8.

Trapezuntien. — A part moy je rougi de ma propre ignorance Fait semblable ... au *Trapézuntien*, Qui jeune fut sçavant, et vieillard ne sceut rien. 1589. Du Bartas. *II Semaine*, 197.

Trasse-forest. — Sanglier *trasse-forest.* 1571. La Porte. *Epithetes*, 238.

Travonnage. — L'Eglise ... Sa couverture est toute platte, le *travonnage* si proprement joinct et lié en forme de couronne qu'il n'y a que redire. 1573. Du Preau, 170.

Tre-fendu. — Haut aux rais du soleil il vire ses tortis, Et darde le sifflant ses langues *tre-fenduës.* 1583. *Virgile*, 71b.

Tremblard. — Puisses-tu ... tout un jour attendant Pour un morceau de pain craquer la dent *tremblarde.* Baïf. II, 115.

Tremblis. — Je dy l'âme des vents dans la terre étoufée, Cherchante un soupirail aux *tremblis* qui se vont Sous les manoirs marins tels que les vôtres sont. Baïf. II, 34.

Trepercer. — Mais sa vertu sans cesse va cherchant De *trepercer* le brouillart empeschant. Baïf. II, 406.

Treuve. — Affin que plus facile et prompte fust la *treuve*, ou invention. 1549. B. Aneau. *Emblemes d'Alciat*, 6.

Tribouillage. — Qui abhorrant le mariage, Et des femmes le *tribouillage*, Marier point ne se voudra. Baïf. II, 448.

Trin'un. — Que, Dieu *trin'un* l'on révère, Devant tous siècles estant. 1594. Coyssard. *Hymnes*, 59.

Triompheur. — Ce roy *triompheur* Ores ores commande. Baïf. II, 212.

Triphtongue. — Je ne veux oublier ta ridicule opinion et de quelques autres, à songer des *triphtongues.* 1551. *Replique de* G. Des Autelz *aux furieuses defenses de L. Meigret*, 40.

Triple-face. — Vierge garde des monts ... *Triple-face* divine. 1584. *Horace, Odes*, 90.

Triple-gozier. — Le labeur dernier [d'Hercule] Fut quand il entraina le chien *triple-gozier.* 1583. *Virgile . Epigrammes*, 5.

Tri-testu. — Toy donques, rendez-vous de la blanche vertu, Qui ne crains les abbois du monstre *tri-testu*, Je te supply'Quélus de m'estre favorable. 1599. Lasphrise, 503.

Tri-tiran. — Amour ce *Tri-tiran* de hommes demy-dieux. 1599. Lasphrise, 172.

Tristifere. — Tous les maux passez et *tristiferes* pleurs. 1574, *dans Montaiglon.* IV, 30.

Tritonien. — Minerve *Tritonienne.* 1571. La Porte. *Epithetes*, 167. — La *Tritonienne* Par prodiges douteux les signes n'en montra. 1583. *Virgile*, 112b.

Troesemien. — Mon myrthe vrayment est *Troësemien.* 1599. Lasphrise, 106.

Troi-gemeau. — Si cestui-ci és *troi-gémeaus* honeurs Pour eslever, une tourbe muable De Romulois estrive favorable. 1584. *Horace, Odes,* 2.

Troi-langu. — Cerbère rendit les abbois ... Et de sa gueule *troi-langüe,* Un aer puant, et corrompüe Une sanie coule hors. 1584. *Horace. Odes,* 79.

Troi-poinctu. — Cerbère ... au départ les genoulx, Et les piedz, te lescha doulx De sa gueule *troi-pointue.* 1584. *Horace, Odes,* 61.

Troi-testu = Troy-testu. — Monstre *troi-testu.* 1571. La Porte. *Epithetes,* 169b.

Trois-pointé-trident. — Le *trois-pointé-trident,* de divers mouvement Ne peut pas garantir son vagueus élément. 1584. Du Monin. *Uranologie,* 16.

Trompe-dueil. — Antidote d'ennuis, *trompe-dueil,* chasse-esmoy, Puissant dieu Niséan, dont j'honore la gloire. 1599. Lasphrise, 626.

Tropologiquement. — Mais quelques autres ... reçoivent ces paroles *tropologiquement.* 1557. Pontus de Tyard, 76.

Trouble-cerveau. — Vin *trouble-cerveau.* 1571. La Porte. *Epithetes,* 279.

Trouble-œil. — La terre ... ne produisoit ... la ciguë estouffante, Glace-pieds, glace-mains, *trouble-œil* et sanglottante. 1589. Du Bartas. *II Sepmaine,* 168.

Trouble-repos. — Furie ... Laide, *trouble-repos,* fantasque, misérable. 1589. Du Bartas. *II Sepmaine,* 192.

Trouble-sacrifice. — Ainsi tout le monde, Père, Te révère, D'une entière affection, Et tes *trouble-sacrifices* De leurs vices Sentent la punition. O. de Magni. *Gayetez,* 68.

Troubleux. — La déesse diverse Si mallement ton heur abbattu bouleverse, Au plus bas de sa rouë enfondrant sans mercy De ton vivre *troubleux* le destin obscurcy. Baïf. II, 120.

Trousseus. — Sagette *trousseus.* 1571. La Porte. *Epithetes,* 236b.

Troy-gemelle. — Huche l'Erèbe noir, huche le Chaos vieux La *troy-gémelle* Hécate, avec la triple face De la vierge Diane. 1583. *Virgile,* 158.

Troy-tetu = Troi-testu. — Et toy grand chien *troy-tetu* Par Alcide combatu, Ne fay plus pour m'effraier Tes trois gosiers abaier. P. de Brach. II, 232.

Truelleus. — Masson *truelleus.* 1571. La Porte. *Epithetes,* 160b.

Tudesque. — Le nostre marche viste, en fier coq le *Tudesque.* 1589. Du Bartas. *II Sepmaine,* 503.

Tue-animaux. — La troupe ... arrivoit à la part, Où les *tue-animaux* attendent le recontre. 1579. Boyssieres. *La Boyssiere*, 24.

Tu-enfant. — Médée *tu-enfant*. 1571. La Porte. *Epitheles*, 161 b.

Tue-ennuy. — Un plaisir *tue-ennuy*, de moy inespéré. 1578. Boyssieres, 58 b.

Tu-sanglier. — Espieu *tu-sanglier*. 1571. La Porte. *Epithetes*, 94 b.

Turquesque. — Ainsi vostre guerre parféte Par une *Turquesque* defféte, Vous ramène pleins de butin. Baïf. II, 457. — Toute l'armée *Turquesque*. 1573. Du Preau, 69.

Tuscan. — Nous chantons, le *Tuscan* semble à peu près beller. 1589. Du Bartas. *II Sepmaine*, 503.

Tyberin. — Il luy semble la face Voir du dieu *Tybérin*, le dieu de ceste place. 1583. *Virgile*, 226 b.

Tybrin. — Tucie a faict soubs tes pudiques loix Plus grand miracle apportant l'eau *Tybrine*. 1599. Lasphrise, 139.

Tyburtin. — Après ayant laissé la ville *Tyburtine*, Qui auoit retenu de Tyburte le nom. 1583. *Virgile*, 221 b.

Tyndarien. — L'estoilé charton du char *Tyndarien*. 1585. Du Bartas, 369.

Tyrrhenien. Tyrrhenois. — Après avoir ... baigné dans le fleuve au bord *Tyrrhénien* Les vaches, que pasteur de l'Espagnole terre Conduites il avoit. 1583. *Virgile*, 221 b. — Puis du siège party du *Tyrrhénois* Cocythe. *Ib.*, 210 b.

Vaciet. — Et la blanche couleur du troëne s'efface, Et le noir *vacïët* s'amasse volontiers. 1583. *Virgile*, 14. — Godefroy, *Supp.*, a un exemple de 1572.

Vacilamment. — Doubte en moy *vacilamment* chancelle. 1544. *Delie*, 204.

Vagu'espars. — Aux bœufs lassez de l'areau, Et au *vagu'espars* troupeau, Tu rens un frés amiable. 1584. *Horace, Odes*, 82.

Vagueusement. — La mer dessus la mer *vagueusement* s'entasse. Du Bartas. *Les Trophées, vers* 714.

Vaisselet. — Bien heureux qui d'afaires loing .... Ou serre le miel espuré Dans un *vaisselet* bien curé, Ou tond ses ouailles foiblettes.

Valachide. — Le Goth ... D'un ost victorieux saisit la Sclavonie, Le terroir *Valachide* et la Transsilvanie. 1589. Du Bartas. *II Sepmaine*, 452.

Vallonceau. — Le territoire ... où se trace Ufens par les bas *vallonceaux* Une voye, et en mer cache ses froides eaux. 1583. *Virgile*, 224 b.

Vandomoys. — La *Vandomoyse* tortue. 1553. Des Autelz, E 7.

Vanteresse. — Qui à ma vois chanteresse Les parolles donnera, Et la plume *vanteresse* A mes chansons prestera? 1554. Le Caron. *La Claire*, 181.

Vanteusement. — Ceux-là qui jadis fendoient Pinde gelé .... Dirent *vanteusement* que le harpeur Orfée ... descendit dans la cave ... De Pluton le dieu noir 1578. G. Le Fevre. *Hymnes*, 186. — Si tu sçais priser ma génisse, il ne faut Louër *vanteusement* tes deux vases si haut. 1583. *Virgile*, 17.

Vaporé. — Ta grâce qui luit Si lustrement, que les clairtez antiques Sentent le plomb de leur tens *vaporé*. 1553. Le Caron. *La Claire*, 162b.

Vauneant. — Mal avienne à telz *vaunéans* qui osent concevoir si hautes pensées. 1554. *Amadis*. XI, 66b.

Veaultre. — Le porc tapi dans son *veaultre*. 1584. *Horace. Odes*, 81.

Veautreus. — Porc *veautreus*. 1571. La Porte. *Epithetes*, 213b.

Vegetativement. — Les natures animées *végétativement* que la terre produit de soy. 1585. Thévenin, *dans Du Bartas*, 287.

Venafrean. — Si .., Fust allé passer le temps Ou aux champs *Vénafréans*, Ou dans le Spartain Tarente. 1584. *Horace, Odes*, 72.

Venerablement. — Que les raisons divines se considèrent plus *vénérablement* et révéremment seules, et en leur stile, qu'appariées aux discours humains. Montaigne. I, 441.

Veneré. — La lampe Cytherée N'allume point mon cœur, La flame *Venerée* Ne darde sa langueur. 1554. Le Caron. *La Claire*, 178b.

Ventouser. — Aussi le clair honneur des célestes flambeaux N'*a* si tost *ventousé* la terre grosse d'eaux Que celui qui sauva dans une nef le monde, Suant, raye le dos de sa mère féconde. 1589. Du Bartas. *II Sepmaine*, 347.

Ventre-creux. — Les autres s'en revont honteusement paoureux Cacher au flanc cogneu du cheval *ventre-creux*. 1583. *Virgile*, 118b.

Ventreux. — Ont esté trouvés Des essaims bien avant en des rochers cavés, Ou dans l'antre *ventreux* D'un arbre usé par l'aage. 1583. *Virgile*, 76.

Venuste. — Vénus, *vénuste* en gélasin. 1553. Des Autelz, A 2b.

Verberé. — Voz lèvres de corail ... Monstreroient un Avril, et un May *verberé*. 1578. Boyssieres, G 4.

Verecondement. — Il faut ... n'en venir jamais là, pour débattre en jugement, que *vérécondement* et avec une observance et crainte. 1580. I. Papon. *Second Notaire*, 148.

Vermeillement. — Chante ce pourpre et ce lait, qui colore *Vermeillement* et l'une et l'autre jouë Faisant de soy envieuse l'Aurore. Pontus de Tyard, 127. — Luy veiz entrouvrir ses coraus *Vermeillement* empourprez. 1557. Bugnyon. *Erotasmes de Phidie et Gelasine.* LIX. — Je rends le teinct plus *vermeillement* beau. 1599. Lasphrise, 405.

Vermeiller. — Nature ... De la terre cueillit les œilletz, roses, liz, Pour *vermeiller* et argenter sa face. 1554. Le Caron. *La Claire*, 192. — Cotgrave a Vermeiller . To roote for wormes, like a hog.

Vermeiller (se). — Je vy la couleur de son taint fanissant, *Se vermeiller* aux bords de la bouche d'Aymée. P. de Brach. I, 102.

Vers'-à-boire. — Sommeiller *vers'-à-boire.* 1571. La Porte. *Epithetes*, 248 b.

Verse-ancre. — Les uns [poissons] comme le poulpe, et la sèche *verse-ancre*, Ont le chef près des pieds. 1585. Du Bartas, 449.

Verse-miel. — Guévare, le Boscan, Grenade, et Garcilace, Abrevez du nectar, qui rit dedans la tasse De Pitho *verse-miel*, portent le Castillan. 1589. Du Bartas. *II Sepmaine*, 409.

Verse-riviere. — Le Centaur' forme sur forme entant, La vague de la mer, et le *verse-rivière.* 1583. *Virgile, Epigrammes*, 15.

Verse-sang. — Ici Mars *verse-sang* fait un sanglant carnage. 1584. Du Monin. *Uranologie*, 27. — *Voir* Traine-souci. 1585. Du Bartas, 315. — La Guerre vient après, casse-loix, cassemœurs, Raze-forts, *verse-sang*, brusle-hostels, aine pleurs. 1589. Du Bartas. *II Sepmaine*, 190.

Vesiccation. — Carbunculus .... c'est pustulle phlegmonique male vesiccante et bruslante .... ayant rougeur obscure et douleur et ardeur et *vesiccation* à l'environ. 1542. Canappe. *Guidon*, 66 b.

Vesquir. — Un maistre seul ne peut pas bien *vesquir.* 1571. G. Le Fevre. *Encyclie*, 71.

Vestibule. — Ces trois Emblèmes ... hont esté praemis comme *vestibule*, porche ou portal de tout l'œuvre. 1549. B. Aneau. *Emblemes d'Alciat*, 20.

Vesuvien. — Pour tel se vante aussi le païs cotoyant Le mont *Vésuvien.* 1583. *Virgile*, 53.

Veuver. — Puisses tu de tes doits tes saigneuses paupières Repentant de ton tort *veuver* de leurs lumières. Baïf. II, 121.

Victeur. — La vaincu est mis au nombre des femelles, et suyt le *victeur.* 1545. A. Pierre, 169 b. — Courage vrayement Laconien, qui vaincu et mourant favorisoit néantmoins son *victeur.* 1549. Macault, 161.

Victimeux. — Le fam, qui *victimeux* Dessus l'Algide neigeux Pait par les glandières landes. 1584. *Horace, Odes*, 91.

Vierge-mere. — Jésus l'arbre de croix montant Toute corruption dontant A ce disciple son vicaire Recommanda sa *vierge-mère.* 1578. G. Le Fevre. *Hymnes,* 6.

Viergement. — Alors qu'on veut cueillir la fleur *viergement* pure On s'assemble entre amis. 1596. Lasphrise, 349.

Vif-plant. — Voyez ... Les mains et pieds clouëz, le visage sanglant, Le chef ensanglanté, et l'espine et *vif-plant* Qui la teste luy ceind jadis claire et sereine. 1578. G. Le Fevre. *Hymnes,* 153b.

Villecourant. — Le commun et fait par fréquentz propoz *villecourant* proverbe. 1554. Le Caron. *La Claire,* 30b.

Vilté. — Je ne puis me persuader qu'en si excellente dame puisse tomber l'amour de si humble personne, que la *vilté* de mon impuissance me déclare. 1554. Le Caron. *La Claire,* 5.

Vindelique. — Les *Vindéliques* barbares De ta loi Italique ignares. 1584. *Horace, Odes,* 124.

Violet clair. — *Violet clair* est couleur oportune A qui content, porte ennuy de fortune. 1549. B. Aneau. *Emblemes d'Alciat,* 145.

Viperal. — Souvent l'envie éteint en géneral L'œuvre de l'homme, ... Envie ardante autant que la vipére, Tant soit amer le venin *vipéral*? François de Clemery, *dans* 1567. *Des Masures. Virgile,* 205.

Vire-virer. — L'autre *vire-vire* tousjours. 1557. C. Fontaine. *Odes. Enigmes,* 41.

Virginel. — O fille gente *virginelle,* Plus belle que ta mère belle. 1584. *Horace, Odes,* 20.

Visive. — La vertu intellective est plus excellente, et ha plus parfaite et vraye congnoissance que la *visive.* 1551. Leon Hebrieu, *trad.* P. de Tyard. II, 20.

Viste-pied. — Le *viste-pied* Ajax. 1584. *Horace, Odes,* 20.

Viste-roulant. — La folle jeunesse S'émerveille de voir les buis *viste-roulant.* 1583. *Virgile,* 214b.

Vit'-allant. — Les buffles forestiers et chevreux *vit'-allans* Nuisent incessament. 1583. *Virgile,* 56b.

Uniformellement. — Telles choses, ainsi prestables, reçoyvent une formelle équipolence, à scavoir que l'une *uniformellement* succède au lieu de l'autre. 1585. I. Papon. *Premier Notaire,* 5.

Unisonance. — La rencontre, et *unisonance* de la ryme. 1557. C. Fontaine. *Mimes de Publian,* a 3b.

Unitivement. — L'amour est principalement en la première et plus perfaicte intelligence créée: par lequel amour elle jouit *unitivement* de la souveraine beauté de son créateur. 1551. Leon Hebrieu, *trad.* D. Sauvage, 456.

Universalité. — L'amour en sa généralité ... contient la bonté en toute son *universalité.* 1551. Leon Hebrieu, *trad.* Pontus de Tyard. II, 93.

Voglie. — Galère ... conduitte à la rame par douze filles de bonne *voglie.* 1554. *Amadis.* XI, 129.

Vogueresse. — La nef devant l'eau fendoit *vogueresse.* 1583. *Virgile, Epigrammes,* 10b.

Volandiere. — Ilz furent en peu de temps obeys de cinquante *volandieres* qu'on ajousta à ce qu'estoit desja apresté. 1556. La Lande. *Dictis,* 31b.

Volant-leger. — Pousser dans le fouyer de l'arquebuz' la méche, Pour enflammer le soufre, et faire desgorger Du ventre de mon fer un plomb *volant-léger.* 1578. Boyssieres, 67b.

Volsquois. — Outre ces troupes-cy de la *Volsquoise* ville En bon ordre venant. 1583. *Virgile,* 224b.

Voltiler. — Le soing, qui par les lambris Autour des toictz *voltile.* 1584. *Horace. Odes,* 56.

Voluptuer. — Excellentz rois ... lesquelz non aus sumptueus palais *voluptuantz,* ains au ciel filosofantz. 1554. Le Caron. *La Claire,* 1b.

Urabien. — Ils occupent Chili ... S'eslargissent à gauche au long du Darien, Où l'Huo les deslasse; au champ *Urabien.* 1589. Du Bartas. *II Sepmaine,* 483.

Useresse. — Ici git Marion, l'*useresse* de Cendre. 1579. Du Monin, 67.

Vsitement. — Estat et ordre judiciaire qui est *usitement* observé en France. 1554. Le Caron. *La Claire,* 38.

Usurasser. — Ils ne peuvent faire train de marchandise, négocier, débiter, traffiquer et *usurasser.* 1585. I. Papon. *Premier Notaire,* 27.

Utile-doux. — Poète *utile-doux.* 1571. La Porte. *Epithetes,* 211.

Vulguer. — Je puys .... *Vulguer* la sainte amitié qui honore Tant mes Autelz, fumans à ton Bissy. 1553. Des Autelz, A 7.

?Uxure. — Vénus donne abondance d'humidité naturelle bien digérée, et disposée à l'*uxure.* 1551. Leon Hebrieu, *trad.* P. de Tyard. II, 216. — Il faut sans doute lire *luxure.*

Xaliscain. — Ils sèment d'autre part la terre *Xaliscaine.* 1589. Du Bartas. *II Sepmaine,* 483.

Ymaginellement. — Tout ainsi dedans ce pain le bien souverain est vrayement contenu non pas *ymaginellement* mais représentativement ne virtuellement. 1527. Cl. de Seyssel. *Les motz dorez de Seneque,* g 2b.

Yvrer. — Alexandre bornoit ses trophées .... dés les undes

dorées Du Tage jusqu'au Gange, alors qu'un fier destin Borna ses jours, l'*yvrant* d'un stygien venin. 1579. Du Monin, 105.

Zephirin. — En repos La *Zéphirine* secousse Meine à rive les doux flots. Baïf. II, 47.

Zeuxien. — Les autres . . . qui, des traits limités D'un pinceau *Zeuxien*, nous ont représentés Ce qu'a voulu leur main soubs leur vive painture. P. de Brach. II, 71.

Zeuxinement. — Il est mal séant qu'un fiz soit émailhé, Ecarboucle, mignard, *zeuxinement* tailhé, Son père étant naquet de quelque friperie. 1584. Du Monin. *Uranologie*, 200 b.

Zizanieus. — Ivraie *zizanieuse.* 1571. La Porte. *Epithetes,* 141 b.

Imprimerie de Ehrhardt Karras, Halle a. S.

www.ingramcontent.com/pod-product-compliance
Ingram Content Group UK Ltd.
Pitfield, Milton Keynes, MK11 3LW, UK
UKHW021003230726
13924UKWH00009B/1550

9 782019 917814